7인 7색,
해외학교 교사 체험기

7인 7색,
해외학교 교사 체험기

우강제, 이범석, 윤여정, 서슬기, 김성훈, 김기윤, 김태희 지음

중국, 싱가포르, 베트남
재외국제학교의 A부터 Z까지

'재외학교의 학생들은 어떨까? 재외학교에서 내가 잘 적응하고 생활할 수 있을까? 재외학교를 가기 위해 필요한 것은 무엇이고, 어떤 준비를 해야 할까?'

재외학교를 지원하려는 선생님들의 대표적인 고민은 이런 것들이 아닐까요?

긴장되고 설레는 마음으로 대한민국을 떠나 재외학교에서 근무하고 돌아온 지금, 도전하려는 선생님에게 어떻게 하면 도움을 줄 수 있을지 고민하다 각 나라에서 근무하고 온 선생님들이 함께 마음을 모았고, 지난 기억들을 다시 한번 생각하고 정리하며 한 편의 글을 완성할 수 있게 되었습니다.

　현재 재외한국학교는 총 16개국에서 34개(2023년 기준)의 학교가
운영되고 있습니다. 이 책은 중국과 싱가포르, 베트남의 한국학교
에서 근무하고 온 선생님들의 경험과 노하우를 작성한 것으로 해외
학교를 지원하기 전 준비과정에서부터 면접 및 합격 후 출국 준비,
도착 후 현지에서의 생활과 귀국 후의 생활까지를 담고 있습니다.
해외 한국학교에 지원하여 합격 후 그곳에서 근무하기를 희망하는
선생님들에게 조금이나마 도움이 되면 좋겠다는 의도로 7명의 선
생님이 정성껏 집필하였습니다. 집필 선생님들의 현지 근무 기간
은 각각 다르지만 2015년부터 2022년까지의 경험이 담겨 있어 최
신 자료들이 이 안에 들어있다고 말씀드릴 수 있습니다. 이 책을 통
해 조금이나마 해외학교를 준비하는 선생님들에게 도움이 되었으
면 좋겠습니다. 축복합니다!

집필진 일동

Contents

1 인 1 색

중국
천진한국국제학교

우 강 제

現 수원 유신고등학교 국어교사
前 중국 천진한국국제학교 연구부장

다른 아이들이 보여요.

설렘 속에 아이들과의 만남

가기 전

"따라라라라라 단따 따라라 단따단, 따라라라라라~~" 핸드폰 벨로 설정해 놓은 신해철의 무한궤도가 맹렬히 울어대 번호를 확인했더니 '070'으로 시작되는 번호였다.

'070? 070으로 지금 시간에 올 전화는 천진한국국제학교밖에 없는데…' 번호를 보며 드는 생각은 적중했다.

"여보세요."

수화기를 너머로 차분하면서도 친근함이 묻어나는 중년 남자분의 목소리가 들려왔다.

"안녕하세요. 혹시 천진한국국제학교에 지원하신 우강제 선생님이신가요?"

'뭐지? 뭐가 잘못됐나? 아직 서류 결과가 나오려면 1주는 더 있

어야 하는데 벌써 결과가 나온 건가? 오~ 일 처리 한번 빠른데…'
전화를 받으면서 속마음은 결과를 들을 수 있다는 생각에 벌써 긴장
하고 있었습니다.

"네. 맞는데요."

"네, 안녕하세요. 저는 천진한국국제학교에서 근무하고 있는 교
감 이종학이라고 합니다. 먼저 우리 학교에 지원해주셔서 감사드려
요. 혹시 통화 가능하신가요? 선생님?"

"네. 가능합니다. 교감 선생님"

"아이고 감사합니다. 다름이 아니라 서류를 심사하면서 몇 가지
여쭈어볼 것이 있어서 전화 연락을 드렸어요. 사전 면접 뭐 이런 건
아니고 혹시 전화로 몇 가지 여쭈어봐도 될까요?"

"네. 교감 선생님 괜찮습니다." 1차 서류 결과를 알려 주시는 전
화라고 생각했는데 의외의 말씀을 하셔서 괜히 마음이 더 긴장되고
뭔가 모를 불안감까지 느꼈던 시간이었습니다.

"선생님, 다름이 아니라 금년도 우리 학교에서는 국어 선생님을
두 분 모시려고 하는데 준비되신 선생님들이 이번에 많이 지원을 하
셨어요. 선생님의 서류를 보니 고등학교 학년부장도 6년 이상 하시
고 진학지도 경력도 여러 해를 하셔서 우리 학교에 오시면 정말 좋
긴 한데, 오시는 분들 중에 내정자가 있으실 수도 있어서… 혹시나
우리 학교 말고 중국 다른 지역의 한국국제학교에 지원하실 의향은
없으신지 여쭈어보려고 전화를 드렸어요. 서류를 보면 너무 아까워
서 선생님께서 혹시나 다른 학교도 가능하시면 우리 학교에서 선생

님을 추천하고 싶어서 의향을 여쭈어보려고 실례를 무릅쓰고 전화를 드렸습니다. 어떠세요? 선생님께서 지원하신다고 하면 우리 학교에 지원하신 것은 없는 것으로 하고 저쪽 학교에 선생님께서 원서를 작성하셔서 지원하실 거라고 말씀드릴 수 있습니다."

순간, 감사하면서도 알 수 없는 묘한 감정을 떨쳐버릴 수가 없었습니다. 짧은 순간이었지만 잠시 제 마음을 살펴보고 교감 선생님께 답변을 드렸습니다.

"교감 선생님, 말씀은 감사합니다. 죄송하지만 저는 다른 지역보다는 제가 선택한 천진한국국제학교에 그냥 지원하겠습니다. 학교 지원율이 높은가 보네요?"

"네. 이번 국어과 모집에 북경한국국제학교에서 근무하신 선생님들께서 두 분이 지원하셔서 연락을 드려봤습니다. 통상적으로 다른 국제학교에서 근무하신 선생님들을 선호하는 편이라서, 선생님께서 한국국제학교에 근무하시길 희망하신다면 다른 학교를 추천해 드리는 것이 좋은 기회가 아닐까 생각이 들어서 전화를 드렸던 겁니다. 혹시나 불편하시거나 불쾌하셨다면 너그러이 생각해 주세요."

"아닙니다. 교감 선생님. 말씀하신 사항 잘 이해했습니다. 얼굴도 뵙지도 못했는데 여러 가지로 생각해 주셔서 전화 주신 것으로 생각합니다. 어려운 상황이 될지도 모르겠고, 우려하신 대로 제가 떨어질 수도 있겠지만 저는 그냥 제가 지원했던 천진한국국제학교에 지원하도록 하겠습니다. 감사합니다."

"네. 알겠습니다. 이렇게 상황을 이해해 주시니 저야말로 진심으로 감사드립니다. 합격이라는 좋은 결과가 나와서 선생님과 함께 근무할 수 있으면 정말 좋겠습니다. 오늘 전화 통화 감사합니다."

지원서를 내고 처음으로 받은 전화 통화였습니다. 전화 주신 교감 선생님의 말씀처럼 해외의 한국국제학교는 아무래도 현지의 생활 경험이 있는 선생님들을 더 우선하는 경향이 있는 것 같습니다. 이분들은 한국국제학교의 시스템을 알고 빠르게 적응할 수 있을 뿐만 아니라 현지 생활 부적응으로 이탈(본국 귀국)할 가능성이 적기 때문이라는 것을 한국국제학교에서 근무하면서 알 수 있었습니다. 사실 한국국제학교에 처음 오시는 선생님들 일부는 본인이 생각했던 여건과 맞지 않으면 많이 힘들어하시다가 1학기도 안 돼서 중도에 귀국하시는 경우가 종종 발생하곤 합니다. 그러면 학교는 학교대로 행정, 운영상의 어려움을 겪게 되고, 학생들은 수업의 공백이 생겨서 어려움을 겪는 상황이 발생하곤 합니다. 그래서 학교에서는 신중에 신중을 더해 선생님들을 선별하고 이런 어려움을 미연에 방지하기 위해 내정된 교사들을 우선 선발하는 것도 사실입니다. 이런 사정들을 생각하면 1차 서류 결과 발표 전 전화를 주셨던 천진한국국제학교 교감 선생님과의 만남은 해외 생활을 처음으로 시도하는 저에게 시작부터 행운이었습니다.

면접 준비 / 진행

2018년 11월 2일, 면접 대상자라는 통보를 받고 면접을 준비해야 했습니다. 지원서 제출 당시 천진한국국제학교는 자기소개서에 지원동기 및 교직관, 방과후학교 / 동아리 활동 지도 및 특기 사항이라는 두 가지 항목만 작성하여 제출하였습니다. 그래서 '분명 면접은 자기소개서에 작성한 내용을 중심으로 질문을 할 거고, 그 외의 질문은 내가 경험한 것들을 토대로 말하면 되지… 그리고 명색이 국어교사이고 말도 잘하는 편인데 무슨 일이야 있겠어? 큰 걱정은 말자'라고 속으로 합리화했지만 그래도 면접은 면접인지라 긴장하지 않을 수 없었습니다. 2018년 11월 25일. 개별 통보를 받은 서울 강남구 압구정동의 한 중학교로 면접을 갔습니다. 11월 날씨에 걸맞지 않게 그날은 바람도 심하게 불고 날씨도 흐리고 추워서 평소에 안 하던 목도리까지 하고 갔던 날로 기억합니다. 면접은 역시나 면접이었습니다. 학교에 들어서자마자 긴장감이 몰려왔는데 처음 방문하는 낯선 학교이다 보니 본 면접 장소를 찾기도 쉽지는 않았습니다. 2층의 면접 대기실에 앉아서 차례를 기다리고 있었습니다. 교실에는 같은 과목의 면접 대상자 한 분이 와 계셨기에 서먹한 인사를 나눈 뒤 면접을 준비하고 있었습니다. 그렇게 준비하는 동안 같은 국어과에 지원하시는 나머지 면접 대상자분들이 들어오셔서 모두 10명이 면접 준비를 하게 되었습니다. 남자와 여자의 비율은 2:8. 저를 포함한 다른 한 분의 남자 선생님이 계셔서 위안 삼으려 했는데 서로 통성명을 나누고 정보를 교환하는 사이에 위안보다는 솔직히 반드시 넘어야 하는 경쟁자(?)로 인식하고 면접에 최선을 다해야겠다고 생각했습니다. 왜냐하면, 이 남자 선생님께서는 당시 청도한국국제학교에서 근무하고 계셨고 중국에서 한국국제학교의 우수 근무자셨기 때문이었습니다. 바로 그 우선 선발대상자이셨던 거죠.

면접은 5명씩 2그룹으로 진행되었습니다. 저는 1조에 편성되었는데 한국국제학교 우수 근무자이신 남자 선생님도 같은 조에 편성되어 있었습니다. 제가 1번, 청도의 선생님께서 2번, 나머지 여자 선생님 3분이 차례로 면접실에 입장했습니다.

면접 평가자는 모두 4명이었습니다. 나중에 안 사실이지만 평가자는 교장 선생님, 그리고 장학사로 한국에 들어오신 전임 교감 선생님, 그리고 천진한국국제학교 원감 선생님, 마지막으로 운영위원이셨다고 합니다. 면접은 공통의 질문을 하고 지원자 1명씩 순서대로 돌아가면서 진행되었습니다. 첫 번째 질문은 교장 선생님께서 하셨는데 지원하게 된 동기와 함께 부임하게 되면 어떤 목표를 가지고 생활할 것인지를 교육적 철학과 함께 말해보라고 하셨습니다. 1번의 순서였던 저는, '아이들에게 기회를 제공하는 것'이 교육이라는 교육철학을 바탕으로 학생들이 가능성을 신뢰하고 이를 발현시킬 수 있도록 학습과 생활, 진로와 진학 분야에서 다양한 정보와 경험의 기회를 제공하는 데 노력하겠으며, 제가 경험한 것들을 바탕으로 현장과 현실에 맞는 학생 지도뿐만 아니라 한국에 비해 교육적 정보가 부족하실 수 있는 학부모님들께도 도움을 드릴 수 있도록 활동하고 싶다고 대답했습니다. 두 번째 질문은 장학사이신 전임 교감 선생님이 하셨는데, '2015 개정교육과정의 핵심역량'에 대해 말해 보라고 하셨습니다. 지금 생각해 보니 '장학사'다우신 질문이었다고 생각합니다. 질문을 받고 질문의 답이 생각나지 않아서 앞에서 충분한 생각의 시간을 만들어 줬으면 했습니다. 그런데 웬걸. 앞의 다른 분들, 그러니까 5, 4, 3번 선생님까지 잘 모르겠다고 답변하셨고, 저의 경쟁자였던 청도의 선생님 답변의 차례. 잠시 머뭇거리시던 선생님께서는 '자기관리와 창의적 사고, 공동체 역량'까지 말씀하시고는 생각이 안 난다고 말씀하셨습니다. 이제는 저의 차례. 명확하고 확실하게 면접의 방점을 찍을 기회가 왔습니다. 저는 자신 있게 '자기관리, 지식정보처리, 창의적 사고, 공동체, 심미적 감성, 의사소통'이라는 6가지 핵심역량을 말할 수 있었고 면접 평가자들의 밝은 얼굴을 확인할 수 있었습니다. 사실 아침에 "선배님, 면접장에 가시면서 2015 개정교육과정은 한 번쯤 읽어보시고 가시는 거죠?"라고 하는 후배 교사의 조언을 행동으로 옮긴 것이 행운이었습니다. 그래서 그런지 지금도 그 후배 교사가 조언하면 꼭 되뇌고 실천하려고 합니다. 두 번째 질문 이후에는 개별 질문으로 들어가서 어떤 역량과 소질이 있는지 등등을 질문하셨습니다. 약 20분간의 면접을 마치고 대기실로 돌아와서 짐을 정리하고 있는데 같이 들어가셨던 저와 연배가 비슷하신 여자 선생님께서 제게 다가오시면서 말씀하셨습니다.

"선생님, 정말 말씀을 잘하시던데요. 한국의 교육환경이 그렇게 많이 바뀌었나요? 2015 교육과정은 어떻게 진행되는 거예요? 저는 이제 한국 들어가면 적응하기가 정말 어려울 것 같아요… 정말 걱정이네요.” “아… 네 선생님. 저도 이제 막 공부를 해서 많이는 모르지만 필요하시면 제가 가지고 있는 자료 드릴 수 있는데…”

“제가 해외에 있다 보니 정보가 매우 부족하네요.”

선생님께서는 본인이 부산 지역 소속의 중등교사이고 중국지역의 한국국제학교에서 5년 이상 근무하셔서 한국에서 변화되는 것들의 적응이 걱정이라고 말씀하시면서 현재 북경한국국제학교에서 국어를 가르치고 있으며, 계속해서 한국국제학교에서 근무하길 희망하신다고 소개하셨습니다.

제가 근무하는 경기도 지역은 고용 휴직이 1회 5년으로 제한되어 있는데 부산 지역은 별다른 제한이 없다는 것이 놀랍기도 했습니다.

“정말 교육과정의 변화를 잘 알아야겠어요. 안다고 생각했는데 막상 말하려고 하니 기억이 가물가물해서…. 중국에서 교무부장으로 역할 하면서 실수하면 안 될 텐데… 나중에 천진에서 뵙게 되면 저에게도 도움을 많이 주셔야 해요.” 같이 들어가셨던 청도의 선생님께서 자신의 짐을 정리하시면서 던지신 말이었습니다.

‘아… 정말 내정자가 있긴 있나 보다. 오늘 면접장에서 나는 들러리? 뭐지 이건?… 아닐 거야…’

후 입맛이 사나운 채로 면접장을 나오기 전, 천진한국국제학교에 학생부장으로 근무하고 계시는 체육 선생님 한 분을 만나 뵙게 되어 인사를 하고 학교의 정보도 얻을 수 있었습니다. 이 부장 선생님은 면접 평가자가 아닌 현지에서 채용되는 면접자로서 오신 것이라고 말씀하시면서 '같이 근무했으면 좋겠다.', '잘 지내보자, 본인이 사람 볼 줄은 아는데, 인상도 좋고 면접관들의 반응도 좋아서 100% 좋은 결과를 얻을 수 있을 것 같다'라고 말씀해 주시면서 면접장으로 들어가셨습니다. 그 모습은 당당함과 즐거움이었습니다. 그 모습을 보면서 면접을 마치고 가지고 있던 부정적이고 씁쓸한 마음가짐이 다시금 정리되는 순간이었습니다. 내정자가 있고 없고가 중요한 것이 아니라, 내가 무슨 목적으로 한국국제학교에 가려고 하는지 생각을 정리하고 마음을 다잡게 되었던 것이죠.

그날, 면접장에서는 씁쓸함을 느낀 시간도 있었지만, 긍정적이고 자신 있는 사람을 만나 위안과 긍정적인 생각을 품고 생활을 다짐할 수 있었던 시간이었습니다.

돌이켜 생각해 보면 많은 선발이 그러하겠지만 면접이 많은 것을 좌우하고 확정 지었던 것 같습니다. 면접 당일 자신 있게 제 의견을 피력하지 못하고, 명확하게 의사전달을 못 했다면 제가 채용되는 일은 분명히 없었을 것입니다. 재외학교를 지원하시는 선생님들은 쟁점이 되는 교육 상황과 정책을 기본적으로 인지하고 그것을 바탕으로 어떤 지도와 교육 활동을 할 것인가를 끊임없이 고민하고 적용하려는 자세가 준비되어 있어야겠습니다. 해외라는 곳은 아무래도 한국보다 정보가 부족한 곳이기에 최신의 교육 정보와 정책을 알고 적용할 수 있다면 현지에서는 귀한 인재로 그 능력을 십분 발휘하고 발전시킬 기회가 제공될 것입니다. 요즘 한국국제학교의 면접장에서는 어떤 질문들이 나올까? 아마도 고교학점제의 적용, 2025 개정교육과정과 관련한 질문들이 여러 형태로 한 번씩은 던져지지 않을까 싶습니다.

합격 통보, 그리고 출국

메일로 합격 통보와 준비해야 할 서류 목록을 받은 후 서둘러 제출할 서류를 준비했습니다. 서류를 준비하면서 그동안은 실감하지 못했던 해외 생활 준비라는 것을 체감할 수 있었고, 제출서류 중에서 제일 신경 쓰였고 번거로웠던 것은 개인적으로 중국 비자 신청용 건강진단서였습니다. 중국대사관이 중국 비자 발급용 건강검진 기관으로 지정한 병원이나 의료기관이 여러 군데 있었는데 지정된 병원들이 제가 속해 있는 지역과는 거리가 있는 장소였습니다. 중국의 한국국제학교 근무 경험이 있던 선생님께 건강검진과 관련해서 어떻게 하는 것이 좋은지 조언을 얻고 가장 인접한 지정 의료기관에서 검진받으려고 했습니다. 사전에 전화로 확인하는 것이 좋다는 조언대로 전화 통화를 하지 않았으면 낭패를 봤을 뻔했습니다. 지정된 의료기관 중 작년까지는 검사를 진행했던 병원이 '올해는 검사를 진행하지 않는다, 원하는 기간에 검사받을 수 없고 검진한다고 해도 원하는 기한까지 검사 결과를 받아 볼 수가 없다.' 등의 답변을 받기도 했으니 번거롭더라도 꼭 전화로 확인하는 것을 추천합니다. 또한, 동일한 검진임에도 불구하고 의료기관마다 검진 비용이 적게는 4~5만 원, 많게는 10만 원 이상의 차이를 보이니 꼭 전화 확인 후

검진을 진행하면 좋겠습니다. 전화 확인으로 지정된 의료기관에서 가장 빠르게 검사와 결과를 받을 수 있던 곳이 한국의학연구소(KMI) 광화문 검진센터였습니다. 서울의 다른 지정병원에 비해 비용도 저렴했고 검사 결과도 택배로 편히 받아볼 수 있었는데, 병원의 주차 시설이 불편했던 것이 큰 흠이라면 흠이었을까?

천진한국국제학교에서 취업 허가통지서를 받은 후 비자 신청을 위해 남산스퀘어빌딩 중국 비자 신청 서비스센터를 방문했습니다. 대부분 비자 신청 대행을 많이 이용하셨지만 직접 해보고 싶은 마음에 방문을 선택했습니다. 서류를 접수하고 발급받는 관공서의 일들은 복잡하면 복잡할 수 있으니 힘드실 것 같으면 대행사를 이용하시는 것도 좋을 듯합니다. 사전에 포털사이트에서 어떤 절차로 진행되는지 잘 살펴보고 서류를 갖추어서 당당하게 입장. '당당하게'라고 표현했지만, 수원에서 서울로 가는 일이었기 때문에 실수가 있으면 큰 낭패였기에 입장 전까지 비자 종류에 해당하는 서류를 다시 한번 확인하고 센터 입장. 입장하자마자 안내하시는 분이 한국어로 친절하게 안내해 주셔서 순조롭게 서류를 접수할 수 있었습니다. 지금은 사전에 인터넷으로 신청서를 작성하고 센터 방문 예약까지 한다고 하니 확인은 필수입니다. 비자 신청이 어렵다고 하시는 분들이 계셨는데 개인적으로 사전에 서류만 잘 준비해 간다면 무난히 끝낼 수 있다고 생각합니다. (물론 현장을 방문하는 날에 따라 사람들이 몰려 기다리는 시간이 길 수도 있는데 기다리는 일이 너무 고생이라면 VIP 서비스를 이용하는 것도 좋겠습니다) 발급 안내를 받고 발급일에 맞춰 재방문하여 여권을 수령.

걱정했던 것과 달리 수월하게 비자 신청은 마무리되었고 나름 부딪쳐 보며 일을 처리한 경험으로 남는 과정이었습니다.

그다음 해결할 문제는 공증. 한국에서 준비한 서류는 모두 공증받아야 했고, 그 공증을 담당하는 업체가 공신력까지 있어야 해서 신중하게 선택하려고 했습니다. 왜냐하면, 여권과 개인정보가 있는 서류들이라서 신경이 쓰였고, 솔직히 중국이라는 특정한 나라여서 더 걱정되었기 때문입니다. 그리고 공증이 잘못되어 서류상의 문제로 입국이 지연되고 거절되는 경우도 발생한다는 이야기를 들으며 더 따져보고 신경을 써야 했습니다. 같이 중국으로 들어가시는 선생님들의 대화방에서는, '어디 어디가 공증에 공신력이 있고 믿음이 가는 곳이다. 같이 하게 되면 어디는 금액을 어느 정도까지 해준다.' 등의 정보를 주고받을 수 있었습니다. 그런데도 무슨 자신감에, 독불장군 같은 행동이었을까요? 저는 개인적으로 알아본 곳을 통해 공증작업을 의뢰했습니다. 제가 선택한 공증업체의 이름이 정보공유방에 언급도 되었고, 알아본 비용이 더 저렴했던 것이 아마도 큰 이유였습니다. 또한, 정보공유방에서 이미 진행되고 있는 일에 비용의 문제를 거론하며 의견을 제시하는 것은 아닌 것 같아서 전 이미 따로 진행하고 있다는 답변을 남기고 공증작업을 했던 것이죠. 나중에 공증업무를 진행하셨던 선생님께 직접 들은 얘기이지만 혼자서 공증업무를 진행하던 제가 이해되지 않고 좀 특이한 분이었다고, 초반의 이미지가 별로였다고 듣기도 했습니다. 지금은 그 선생님과 각별한 사이(중국에서 우리 아들의 담임 선생님이셨고, 같이 고3 담임과 연구부에서 열과 성의를 다해 고민하고 함께한 동료 교사였음)가 되었지만, 생활을 경험하지 않은 초반의 저의 이미지를 생각해 보면 그 선생님께서 하셨던 '독특하다'라는 말씀에 충분히 공감됩니다. 그래서 사람은 경험해 봐야 하는지도 모르겠습니다. 공증된 서류를 학교에 보내는 것을 마지막으로 한국에서의 준비는 마무리가 되었습니다.

입국 전까지 준비하면서 느낀 점은 생각했던 것보다 소소하게 준비해야 하는 것들이 많고 비용도 적지 않게 든다는 점을 느꼈습니다. '이렇게까지 하면서 내가 왜 해외로 나가려고 한 거지? 목적이 뭐였지?'를 계속 생각하며 자신을 돌아봤던 것 같습니다. 이런 생각에 잠겨있을 때, 학교의 선배 교사 한 분께서 제게 이런 말씀을 하셨습니다. "선생님, 해외로 나가려고 한 결정 정말 잘하셨어요. 나가기 전 준비할 것들이 산더미 같고 준비하면서 여러 가지 불편한 일들이 생기겠지만 그 과정에서 접하고 깨닫는 것들이 많이 있으실 거예요. 그리고 해외에서 생활하다 보면 한국의 학교생활에서 느끼지 못한 것들을 알게 되어 시야도 넓어지고 생각의 폭도 넓어져, 잃는 것보다 얻는 것이 더 많아져서 오실 거예요. 선생님 같은 경우에는 성숙의 정도가, 바라보는 시야의 정도가 정말 남다를 거라 전 확신해요."

역시 선배 선생님의 견해는 확실하게 맞았습니다. 중국의 생활은 준비 기간까지 고작 2년 3개월 정도였지만 가기 전과 다녀온 후의 저의 사고와 시야는 성숙하고 넓어졌고, 학생을 대하는 태도와 자세에 커다란 변화가 있음을 스스로 느낄 뿐만 아니라 저를 잘 아는 동료 교사가 귀국하여 학교생활을 하는 저를 보고 놀라기까지 합니다.

정말 경험은 새로움을 창조하게 하는 좋은 소재인가 봅니다.

입국, 언어의 중요성

학교에서 지정한 항공편을 이용하여 중국에 입국. '학교에서는 입국하시는 선생님들의 편의를 위해 화물차를 준비해서 가지고 온 수화물을 학교까지 안전하고 편하게 운반할 계획이며 또한 선생님들과 같이 입국한 가족들을 위해서는 학교 통학 버스를 공항에 준비해서 불편함을 최소화하겠다'라는 사전 메일을 받은 터라 입국에 대한 큰 걱정은 없었습니다.

그런데 천진 국제공항에 도착해서 수화물을 찾을 때까지의 저의 마음은 '부 하오(不好)'였습니다. 약 2시간의 비행을 마치고 게이트를 나오자마자 아내와 같이 화장실을 찾았습니다. 중국의 여러 곳을 여행하면서 우리나라와 문화적 차이가 있을 수 있음과 아직 우리보다 부족한 요소가 많았음을 보았던 터라 시설과 관련하여 큰 기대는 하지 않았지만, 그래도 천진은 중국의 직할시에 속하고 국제선 공항의 화장실인데 괜찮을 거로 생각했습니다. 그런데 화장실의 수준이 우리나라 지방의 조그만 버스 터미널 화장실 수준인 모습을 보고 깜짝 놀랐고 앞으로의 상황을 걱정하지 않을 수 없었습니다. 왜냐하면, 오랜 외국 생활을 한 아내에게 '천진 지역이 한국만큼은 아니더라도 편안하고 안락한 시설을 겸비한 지역이니 생각하는 만큼의 불편함은 없을 것이다. 걱정하지 않아도 된다. 이미 그 지역에 가서 생활하고 있는 선생님께 괜찮다는 얘기를 듣고 결정한 지역이니 걱정하지 마라.'라고 당당하게 말했는데 처음 대면한 화장실이 이런 모습이라니… 여자 화장실 앞에서 오만가지 생각을 하고 있을 때, 아내의 모습이 보였습니다. '괜찮았어?'라는 말에 '괜찮다'라고 말하며 '어서 나가자'라는 아내의 대꾸. 지금도 고마움을 자아냅니다. 출입국 심사대에서 지문 인식까지 순조롭게 마치고 수화물을 찾아 학교에서 환영차 나온 선생님들과 출구에서 만나기만 하면 되었습니다. 그런데 수화물 터미널에서 문제가 생겼습니다.

비행기에서 내려 화장실에 다녀오긴 했지만, 수화물을 찾는 터미널에 그래도 일찍 도착해서 수화물을 찾아 하나둘씩 카트에 옮겨 실었습니다. 그런데, 아무리 기다려도 수화물 가방 하나가 보이질 않는 겁니다. '분명 같은 모양의 이민 가방용 캐리어를 사용하는 사람들이 있을 수 있으니, 우리만의 표식을 달아 금방 확인할 수 있도록 해야 한다.'라는 아내의 말대로 눈에 띄기 쉽게 '배스킨OO스' 아이스크림 포장줄로 표식을 했음에도 불구하고 하나가 보이지 않는 것이었습니다. '혹시나 지나간 것을 놓칠 수도 있으니, 레일이 돌아올 때까지 기다려 보자.'면서 아들과 함께 눈을 부릅뜨고 찾았습니다. 사람들이 수화물을 하나둘 찾아가고 남아있는 수화물은 별로 없는데 우리 캐리어를 찾을 수가 없었습니다. 그러더니 잠시 후 수화물 레일이 멈추고 더 이상 움직이지 않는 수화물 레일을 보며 당황하지 않을 수 없었습니다. 중국 생활을 위해 필요한 최소한의 짐을 꾸려 수화물로 가지고 왔는데 그중 하나가 없으니… 터미널에 있는 공항 직원에게 즉시 도움을 청했습니다. 중국어를 잘 모르니 영어로 '나의 수화물이 나오질 않았다. 확인 부탁한다. 혹시 비행기에서 모든 짐이 내려진 것이냐?'라고 물었는데 중국 공항 직원은 영어를 잘 모른다고 중국어로 말해 달라고 합니다. '나도 중국어를 모른다. 그럼, 영어를 할 수 있는 직원이 없느냐. 불러 달라.'라고 했더니 가까운 면세품을 파는 직원에게 무슨 말을 하고 자리를 비웠습니다. 면세품 직원은 '잠시만 기다려라'라는 말만 하고 가는 것이었습니다. 출구 쪽에서는 왜 우리 가족이 안 나오는지 기다리고 있고, 시간은 점점 흐르고 초조함과 당황스러움에 진땀이 났습니다. 한국에서 핸드폰을 정지시키고 와서 도움 청할 연락도 못 하는 상황이고, 짐 찾는 데 시간이 오래 걸려 주변에 도움을 청할 수 있는 사람은 이미 출구로 나간 지 오래라 우리 가족 외에는 남아있는 사람이 없었습니다. 어떻게든 문제를 해결해야 하는데 말이 통하질 않으니 정말 난감했습니다. 직원이 오길 기다리면서 혹시나 다른 터미널 레일에 우리 짐이 있는 것은 아닌가 하고 찾아봤습니다. 그 시간에 국제공항에 들어온 비행기는 우리가 타고 온 비행기가 유일했고, 국제공항임에도 불구하고 짐을 찾는 터미널은 2개밖에 되지 않아 다른 터미널 레일을 찾아볼 생각을 했던 것이었습니다. 그때 저쪽 한구석에 덩그러니 하나 남아있는 검은색 이민 가방용 캐리어가 눈에 들어왔습니다. 달려가서 확인하니 우리 수화물 가방과 동일한 모양의 것이지만 우리 것은 아니었습니다. 수화물 태그를 살펴봐도 제 이름이 아닌 다른 사람의 이름. 아마도 남아있는 가방의 주인이 제 캐리어를 가지고 간 것이었죠. 순간 하늘이 정말 캄캄해지더군요. 10분 정도 지났을까요? 다른 항공사 직원이 우리에게로 다가와 '무슨 일이냐?' 라고 물었습니다. 아내가 영어로 지금까지의 상황을 설명했는데 능숙한 영어는 아니지만, 영어로 응대하려고 노력하는 모습이었습니다. 바디랭귀지를 써가며 자신이 할 수 있는 표현은 다 하는 것 같았습니다. 잠시 후 다른 한 명의 직원이 다가오더니 직원의 설명을 듣고 여기저기 전화 연락을 하는 것이었습니다. 전화 연락 후 '비행기의 모든 짐은 다 내려졌다. 다른 승객이 짐을 가지고 간 것 같다. 남아있는 짐에 적힌 번호로 전화를 걸어 확인 후 짐이 바뀌었는지 확인해 주겠다. 승객과 전화 연락이 될 때까지 기다려야 한다. 그 외의 방법은 없다'라는 것이었습니다. 어쩔 수 없는 상황이기에 꼭 연락하시길 바란다고 하면서 관련 사항을 남기고 출구로 나와야 했습니다. 무려 1시간 가까이 터미널에서 짐 때문에 머물러 있었던 것입니다. 앞에서도 말했지만, 학교에서는 짐과 부임하시는 선생님과 가족을 위해서 차량을 준비했는데 우리 가족 때문에 1시간 이상 기다리는 상황이 되어 버렸던 것이었습니다. 우리 가족의 실수는 아니지만 얼마나 죄송하던지 연신 죄송하다는 말씀을 선생님들께 드려야 했습니다. 가지고 온 모든 짐을 싣고, 우리 가족도 스쿨버스에 탑승하고 학교로 이동하여 부임하신 선생님, 선생님 가족들과 저녁 식사를 했습니다. 학교로 가는 버스에서 보이는 천진의 풍경이 다른 분들께는 유럽풍으로 예뻤을지 모르겠지만 저는 눈에 들어오는 것이 하나도 없이 짐 때문에 걱정이 태산이었습니다. 분실한 캐리어에 어떤 짐이 들어있는지 모르고 또 짐을 찾을 수 있는지도 장담을 못 한다고 하니 걱정하고 있는데, "괜찮아. 좋은 경험 했어요. 짐은 어쩔 수 없고 찾으면 다행이고. 안 그래요? 앞으로 좋은 일만 생길 거로 생각해요…" 하며 옆에 앉은 아내가 제 등을 토닥여 주며 위로해 주었습니다. 아무래도 심각한 얼굴을 하고 제 표정이 너무 두드러지게 드러났나 봅니다. 그럼 제가 잃어버린 수화물 캐리어는 어떻게 됐냐고요? 1주일이 지난 후에 찾았습니다. 그 캐리어는 함께 천진한국국제학교로 부임하신 초등의 한 선생님께서 자신의 짐 가방과 똑같아서 확인 없이 그냥 가지고 가셨다가 짐 풀 때 확인하시고 공항에 연락해서 제 짐인 것을 확인하셨다고 하네요. 다행히도 그분은 초등 중국어 교사로 부임하신 분이라서 공항 관계자와 의사소통을 할 수 있으셨고 공항에 직접 제 짐을 가지고 가셔서 확인하시고 본인의 짐을 가져오셨고 제 짐도 가져다주셨답니다.

천진역 주변 광경

천진 빈하이 국제공항

현지 초기 생활

⊘ 아파트 입주

한국의 본적교에서 제일 믿음직하고 열심이며, 넘치는 열정으로 학생들을 지도하시던 중국어 선생님께서 천진한국국제학교에 2년 전 부임하여 근무하고 계셨습니다. 저한테는 이 선생님이 중국 생활을 하는데 천군만마와 같은 존재였고, 천진한국국제학교에서 다른 학교 지원을 검토하는 것도 좋겠다는 의견을 주셨을 때, 단박에 거절하고 천진한국국제학교에만 지원하겠다는 의견을 낸 것도 이 후배 선생님께서 계셨기 때문이었습니다. 선생님과는 본적교에서도 관계가 좋았고, (항상 많은 도움을 받은 경우이지만) 사립학교의 특성상 교직원의 관계가 가족 같은 분위기인 학교에서 저를 '형'으로 대해주며 신경을 써 주는 후배였고 동생인 선생님 덕분에 부임 한 달 전 아파트를 임대해 놓을 수 있었습니다. 부임 교사들이 많이 이용하는 아파트보다는 중국 현지인과 생활하면서도 조용하고 편안한 아파트를 선정하여 저를 소개해 준 것이었습니다. 바로 본인이 사는 아파트 단지였습니다. 한국의 25평형 아파트인데 구조가 생각보다 좋았고 집 바로 앞이 작은 정원으로 구성되어 있어서 답답함 없이 생활할 수 있는 공간이었습니다. 집 주인분은 만나 뵙지는 못했지만 (임기를 마치고 입국하기 전 처음이자 마지막으로 뵘) 엄청 자린고비 같다고 하셨는데 우리가 들어오기 전 가전제품을 모두 새것으로 교체해 주셨던 것도 다 이 후배 선생님 덕분이었습니다. 바뀐 가전제품은 TV,

냉장고, 가스레인지, 레인지 후드, 거실과 안방의 에어컨이었습니다. (가전제품의 상표는 '미○아'였는데, '샤○미'보다는 좋은 중국의 이름있는 전자 제품이었음) 이만큼의 가전제품 교환은 집주인에게 실로 엄청난 일이었습니다. 중국 천진 지역의 물은 석회질이 많아 꼭 정수 시설이 있어야 한다고 해서 집주인에게 정수 시설을 부탁했더니 그러려면 월세를 더 내든가 정수 시설을 알아서 하라는 것이었습니다. 그럼 정수 시설은 알아서 할 테니 주방에 온수가 나오도록 온수기를 설치해 달라고 했더니 대답은 똑같이 월세를 더 내라는 것이었습니다. '지금도 임대한 집의 가격이 저렴한데 그것까지 해줄 수는 없다. 다른 집하고 비교해 봤는지 모르겠지만 가전제품을 완전히 새 걸로 해 주지 않았느냐? 그러니 다른 것을 요구하려면 월세를 더 내라.'라는 말씀을 하셨습니다. 아내는 정수 시설을 우리가 설치하면 되고 나머지는 정리하면서 생활해도 된다며 굳이 더 싫은 소리는 하지 말자고 종용하기에 아내의 말을 듣기로 했습니다. 아파트 단지 출입을 위해서는 경비소를 꼭 지나쳐야 했고 열쇠가 없으면 문을 열어 달라고 경비소에 말을 해야 했다는 점이 생소하고 놀라웠습니다. 앞으로 우리 집이 될 집의 문을 열었을 때 중국의 전체 난방인 '누안치' 비용을 이미 지불한 상태라 훈훈함을 느끼며 집 안으로 들어갈 수 있었습니다. 중국의 아파트는 개별난방이 되지 않고 '누안치'로 전체 난방을 3월 말까지 사용하다 보니 더울 때는 어쩔 수 없이 창문을 열어야 하곤 했습니다. 중국은 집안에 신발을 신고 들어가는 곳이라서 들어가자마자 바닥부터 청소하고 쓸고 닦았습니다. 감사하게도 우리가 입주하기 전 후배 선생님과 가족이 간단한 청소를 먼저 해 주셔서 수월하게 일찍 마무리할 수 있었습니다. 제가 입주한 집의 거실 등이 샹들리에라 멋은 있었지만, 작은 주광색 백열전구로 구성돼 어두워서 나중에 원상복구를 해 놓는다는 전제로 전구부터 주백색 LED 전구로 교체했습니다. 중국의 임대인은 임대한 물건을 맘대로 바꾸는 것을 좋아하지 않을뿐더러 원래의 모습에서 손, 망실된 것에 대한 보상을 요구한다는 이야기를 들어 교체한 전구는 잘 보관하기도 했습니다.

아파트 임대 계약은 부동산을 통해서 진행되어야 하며 계약 당시의 집 상태를 확인하고 사진을 찍어서 나중에 임대인이 관리 소홀을 주장하지 않도록 준비하는 것이 좋겠습니다. 앞에서도 간단히 말씀 드렸지만, 어떤 임대인은 임대 기간이 끝나고 훼손, 부품 망실을 핑계로 보증금(통상 1개월 임대료)에서 감하는 경우가 많다고 하니 사전에 주의해야 하며, 계약서에 훼손된 부분, 이상이 있는 부분을 명시하여 불이익을 당하지 않도록 해야 할 것입니다. 학교마다 관리하는 부동산 중계자가 있으니 도움을 요청하시면 여러모로 편안함을 누리실 수 있으실 겁니다. 예를 들어 한국이나 다른 나라에 다녀오면 주숙 등기를 꼭 해야 하는데 이 주숙 등기는 거주지역 관공서(경찰서)를 직접 찾아가서 출입과 거주를 신고하는 것을 말합니다. 만약 출입국 후에 주숙 등기 기간을 놓치면 집으로 공안이 찾아와 벌금을 부과할 수도 있으니 출입국이 있는 경우는 꼭 여권과 기존의 주숙 등기한 서류를 가지고 관공서(경찰서)를 방문하셔야 합니다. 어쩌면 불편할 수도 있는 이런 신고를 도와주실 수 있으니 꼭 참고하셔서서 도움을 받으셨으면 좋겠습니다.

⊘ 필요 물품 구매

아파트 앞에 작은 시장과 슈퍼마켓이 있었는데 생활을 위해 필요한 물건들은 이곳을 이용하여 구매하였고, 이곳에 없는 물건들은 '대형마트나 쇼핑몰, 이O아' 등에서 구매하였습니다. 우리 가족은 짐을 최소한으로 한다고 해서 침구류를 구매할 목적으로 침구류를 가지고 오지 않았는데 혹시라도 그때로 돌아가 가지고 가야 할 물건을 다시 고르라고 한다면 침구류를 수화물에 포함할 겁니다. '이O 아'에서 침구류를 구매하기 전까지 현지에서 구매한 침구류는 다소 부족한 점이 있었고, 품질에 비해 비용도 저렴하지 않았습니다.

식(食) 문제는 어렵지 않았습니다. 아파트 앞의 시장과 슈퍼마켓을 주로 이용해서 식재료를 구매했고, 신선한 채소와 과일을 구매하려면 걸어서 10분 정도 떨어진 재래 장터를 이용하였습니다. 재래 장터는 상설시장은 아니었고 금방 열었다 닫는 (오전 10시까지만 운영) 곳으로 제철 과일과 해산물, 육류 등을 흥정하며 살 수 있는 곳이었습니다. 우리나라에서는 육류를 냉장으로 보관, 유통하는 것이 일반적이지만 제가 경험한 중국은 육류를 실온에 보관하는 것이 일반적이라서 육류는 웬만하면 냉장고가 있는 상점을 찾아서 구매했습니다. 그 외 현지 식재료로 어찌할 수 없는 것들, 예를 들어 간장이나, 된장, 고추장 같은 것들은 교민이나 동포가 운영하는 한국 식품점을 이용하여 주문 배달시켰고, 주문 배달에 잘 사용되었던 것이 바로 '웨이신(위챗)'이었습니다. 위챗 대화방 속 등록된 상점에서는 슈퍼마켓처럼 어떤 한국 상품이 있는지 홍보를 했고 사람들은 홍보를 보거나 상품이 있는지 묻고 물건을 배달해 달라고 요청하면 하루 안에 물건을 가져다주어서 편리함이 있었습니다. 요즘 한국의 작은 '쿠O'이라고 할까요? 그러고 보니 중국은 배달 문화가 정말 잘되어있었습니다. 우리나라의 '배O의 민족, 요O요'처럼 '메이투안(美團)'은 중국의 배달앱으로 유명합니다. 사용법은 우리나라와 유사하답니다. 그 외 한인분들께서 웨이신에 음식점은 아니지만 소소하게 '반찬가게, 소스 가게' 등을 운영하시며 당일 만든, 또는 만들 음식을 홍보하시곤 합니다. 주문하면 당일 배송을 해 주셔서 직접 만들어 먹기 어려운 한국 음식을 맛볼 수 있어서 좋았습니다.

식품 중 한 가지. 유제품으로 요구르트류는 많으나 우유는 그에 비해 적은 편이고, 한국 우유에 비해 묽고, 고소함이 없습니다. 또한, 유통 문제 때문인지 냉장고에 있던 제품들도 종종 쉽게 변질된 것들이 많아서 비싼 가격이지만 한국 우유(주로 연O우유)나 고급 우유를 먹었습니다. 구매는 웨이신에서 한국 상품점에 문의를 통해 이용하거나 해외 상품 전문 가게에서 했습니다.

그 외 기타 필요한 물건이나 식품들은 중국의 인터넷 쇼핑 천국인 '타오O오'를 이용하였습니다. 처음에는 택배 받는 것이 어려웠지만 각 아파트마다 물품 보관함이 있어서 택배 물건이 도착하면 문자로 알림을 받아 수월했습니다. 이런 점들을 보면 우리나라와 중국의 생활이 말이 잘 안 통한다는 것 외에는 다른 점이 별로 없었던 것 같습니다.

아 참, 라면 이야기가 빠졌네요. 중국도 라면의 종류가 상당히 많은데 한국인의 입맛에 맞는 제품은 '캉스프(康師傅)'였습니다. 물론 개인적 입맛이 다르겠지만 제가 먹어본 것 중에서 가장 입맛에 맞지 않을까 합니다. 아울러 중국 현지에서 생산되는 '신O면'도 있는데 우리나라에서 만든 제품과 맛에서 차이가 납니다. 한국의 OO식품의 '불O볶음면'이 인기가 많아 시중에서 볼 수 있었는데 유사 상품(포장지가 정말 똑같음)도 있으니 잘 구별해서 구매해야 본연의 맛을 느낄 수 있을 겁니다.

처음 대면한 현지음식 소머리 요리

즐겨 먹은 간식, 빵

학교생활과 업무

⊘ 진학, 고3 담임

학교에 부임 후 처음 맡은 직책은 12학년 문과 담임이었습니다. 12학년 4개 학급으로 인문과 자연 각각 2개 반씩이었었는데 학생들은 외국계 화장품 회사인 'J & J'의 대표 브랜드 슬로건처럼 '깨끗하게 맑게 자신 있게'였습니다. 12년 학생들이지만 점심시간에 운동장에 둘러앉아 '수건돌리기, 무궁화 꽃이 피었습니다.' 등을 하면서 남녀 학생 구분 없이 언제나 밝고 건강하게 웃으며 생활하는 모습이 자연스러웠습니다. 선생님에 대한 태도는 공경이 기본이었습니다. '공경'의 사전적 의미인 '공손히 받들어 모시고, 무겁게 여기며 대한다.'를 그대로 보여주는 순수함과 열정의 학생들이라고 하겠습니다. 학생들은 교사의 말을 일단 들었고, 들은 말을 기억하고 이해하려고 했으며, 마지막으로는 그 기억하고 이해한 것을 행동에 옮기려 했습니다. 저는 개인적으로 편협할지는 모르겠지만 '공경은 순종을 바탕으로 한다.'라고 생각합니다. 그리고 순종은 앞서 말한 대로 이곳 학생들이 선생님을 대할 때 보여 준 모습이라고 생각합니다. 한국의 교육 현장에서는 점점 사라지고 있는 모습을 이곳에서 학생들을 통해 볼 수 있어서 정말 행복했습니다. 그런 자세가 있기 때문인지 학생들은 교사가 지도하는 사항들을 잘 받아들여 자신의 것으로 만들려 노력했고 그 모습을 학습과 생활에서 관찰한 교사는 학교생활기록부에 잘 기록할 수 있었습니다. 분명히 한국의 학교에서 추구하고 있는 학생부종합전형의 취지에 맞는 학교생활을 제가 경험할 수 있었다고 생각합니다. 재외국민 전형을 준비하는 학생들에게 성적도 중요했지만, 생활기록부의 기록은 많은 영향을 미쳤기에 학생들도 노력했을 것입니다. 그런 점을 고려한다고 하더라도 한국의 학교에서 경험하지 못한 학생들의 태도와 적극성에 감사했고 저 역시도 각종 정보가 부족할 수 있는 학생들에게 최선을 다해 지도해야겠다고 다짐하며 생활하는 계기를 만들어 주기도 했습니다.

부임 첫해, 재외국민 전형을 학생들에게 준비시키는 것은 저에게 새로운 도전이었습니다. 재외한국학교의 학생들에게 대학수학능력시험은 의미가 없는 상황이라 오로지 재외국민 전형에만 집중합니다. 한국에서의 고3의 수시 입시와 형태가 크게 다르진 않았지만, 입시정보가 부족한 것들이 많아 대학에 직접 문의를 통해 정보를 얻어야 하는 상황이 많았고, 상위권의 대학을 제외하고는 자세히 아는 입학처 직원들도 부족한 상황도 많아, 여기저기를 거쳐야 원하는 정보를 얻는 경우도 많았습니다. 12년 학생들은 한국의 수시전형에서 학생부종합전형과 같이 서류로 당락이 좌우되고, 12년 미만의 학생들은 재외국민 3년 학생으로 구분되어 서류와 별도의 대학별 자체고사, 면접 등으로 당락이 좌우되어 여러 가지로 신경을 써야 할 부분이 많았습니다. 특히 3년 차 학생들의 입시지도는 한국에서처럼 전국연합평가와 같은 모의고사가 없어 재외국민 전형에서 시험을 치르는 학생들의 비교를 알 수 없는 것이 어려움 중의 하나였습니다. 해외에 있는 몇몇 학교들이 뜻을 모아 협력하여 한국의 전국연합처럼 '세계모의고사'라는 모의시험을 만들어 학생들의 성적을 점검하고 어느 정도의 수준인지 파악할 수 있는 시험을 시행하기도 했지만, 그것도 여러 여건 때문에 잘 이루어지지 못했습니다. '세계모의고사'를 전체적으로 치를 수 없자 학교에서는 재외국민 전형의 기출문제를 기초로 모의고사 문제를 만들어 학생들의 수준을 점검하고 보완하려는 노력도 있었습니다.

3년 차에 해당하는 학부모님들은 입시에 적극적이고 많은 정보를 담임 선생님과 학교에서 얻으려고 하십니다. 한번은 4월 학부모 상담 주간에 3년 차에 해당하는 한 학부모님께서 본인이 직접 정리하신 재외국민 전형의 전체 모집인원 수와 누적 등급 관련 자료를 가지고 오셔서 어떤 지원 방법이 적절한지 상담한 적이 있었습니다. 이러한 모습을 보고 학생들과 학부모님께 부끄럽지 않도록 정말 열심히 준비해야겠다는 마음을 먹고 재외국민 전형에 대해 열심히 공부했던 기억이 납니다. 재외국민 전형에 있어 3년 차 학생과 학부모님들의 절실함과 노력이 어느 정도인지 엿볼 수 있었던 생활이었습니다.

⊘ 연구부 업무(교과 활동과 비교과 활동)

재외한국학교의 학생들은 각종 활동에 적극적이고 열정이 넘치는 학생들이었습니다. 물론 재외국민 전형에서 학생부가 중요하다 보니 열심인 것은 당연할 수 있습니다. 하지만 그 중요함을 넘어 진심으로 궁금한 것을 알아가려고 노력하는 모습이 보였습니다.

연구부장이었을 때, 재외학교의 특성을 고려하여 우리나라의 역사와 문화를 바로 알고, 우리가 속한 나라에서 우리의 역사와 문화를 홍보하는 목적의 '글한홍(글로벌한국홍보단)'이 창단되었습니다. 학생들의 우리 역사 알기와 알리기 활동은 적극적이었고 다양한 활동과 행사로 우리 역사와 문화를 알리는 것에 진심이었습니다. '글한홍'이라는 단체 이름도 학생들 스스로 만든 이름입니다. 단체를 위해 기획단이 조직되고 기획단을 중심으로 어떤 활동을 어떻게 주도할 것인지 방향성을 정립하면서 학생들이 할 수 있는 일들을 직접 만들고 실행하면서 중국과 세계에 우리 역사와 문화 알림이 역할을 충실히 했습니다. '대한민국 임시정부 수립 100주년 기념 대형 태극기 만들기 행사'를 시작으로 'DMZ 평화의 인간 띠 잇기', '글한홍 캠프', '우리 문화 소개하기', '반크와 함께하는 사이버 외교사절단', '중국에서 잘못 기록된 우리 역사, 문화기록 바로잡기' 마지막으로 학생들이 직접 대본을 쓰고 연출하며 올린 연극 '안중근'까지. 학생들은 적극적으로 우리의 것을 배우고 배운 것을 현실에 적용해 보는 노

임시정부 수립 100주년 기념 태극기 만들기

DMZ 평화의 인간 띠 잇기 행사

력과 시도를 다양한 모습으로 보여주었습니다. 이런 학생들의 모습을 보며 선생님을 대하는 공경과 순종의 모습에 감사함을 느꼈습니다.

학습법과 연계한 비교과 활동인 '슈퍼 스터디'도 진행할 수 있었습니다. '슈퍼 스터디'는 학생들이 학습향상을 위한 적절한 학습의 계획표를 세워 제출하면, 슈퍼 스터디 기획단 학생들이 개개인이 제출한 계획표 실천을 독려하여 목표를 달성하고, 학습습관을 형성할 수 있도록 돕는 학습향상 프로그램이었습니다. 이 활동에서도 기획단 학생들의 자발적인 모습이 인상적이었는데, 시험 2주 전부터는 점심시간마다 '슈퍼 스터디'에 참가하는 학생들의 계획표와 실천표를 확인하는 도장을 찍어 주고 피드백해 주며 응원하던 모습이 아직도 머릿속에 생생합니다. 교사의 의도를 이해하고 적극적으로 실천에 옮기는 모습은 어쩌면 교사로서 꿈에 그리던 모습이 아닌가 생각해 봅니다. 2주간의 독려 활동이 마치고 시험에 임했던 학생들의 성적은 변화가 있기도 하고 없기도 했지만, 무엇보다도 자신이 계획한 것을 달성하기 위해 노력하였다는 성취감을 느꼈고, 이는 다음을 위해 도전하는 계기가 되었다는 평가가 대부분이었습니다. 또한, 자신이 할 수 있는 범위를 알 수 있어 자신에게 맞는 것이 무엇인가 생각할 수 있는 계기가 되었다는 평가를 보며 교사의 의도를 알고 이해하여 실행의 방법을 설정한 기획단 학생들의 모습이 대견하였고, 목표 의식이 있는 학생들에게 적절한 길라잡이를 제시하면 우리의 아이들이 시행착오가 있을 수는 있지만 자기 생각과 의견을 잘 실현할 수 있는 능력이 있음도 느낄 수 있었던 시간이었습니다.

귀국 후 생활

　제가 재직한 학교는 3년까지 해외에서 근무할 수 있었지만, 2년의 중국 생활을 마치고 2019년 귀국을 선택했습니다. 귀국하자마자 3학년 담임에 배정되어 코로나 상황에서 학생들을 만났습니다. 고3 학생은 등교 수업을 했지만, 정상적인 수업은 어려웠던 시기였습니다. 학생들의 가정학습 일수가 57일로 확대되어 수시로 가정학습을 신청하는 학생들이 많았고, 남학교의 특성이 있다 보니 수시보다는 '정시 파이터'로 입시 준비를 선언한 친구들이 많아서 다소 지도에 힘들었던 시기였습니다. 더욱이 선생님의 의견을 경청하고 실천에 옮기려는 학생들을 경험한 터라 서로 상반되는 학생들을 지도하니 몸도 맘도 불편했던 적도 있었습니다. 중국에서의 학생들과의 경험은 저의 성격을 알게 모르게 변화시켰나 봅니다. 주변의 선생님들이 저보고 중국에 다녀오더니 학생들을 대하는 태도가 많이 달라져 유순하고 부드러운 선생님으로 변했다는 소리를 많이 들었습니다. 아마도 학생들의 잠재력과 능력을 보았기 때문인지도 모르겠습니다. '어쩔 수 없는 환경 때문에 그럴 수밖에 없을 것이다. 내 속을 썩이는 저 학생도 중국 학교에서 생활했다면 지금의 모습은 아닐 것이다.'라는 생각도 들었습니다. 목표를 위해 열심인 학생도 있으니 열심인 학생에게 필요한 것을 제공하려고 노력하는 한 해였고, 다행히도 열심인 학생이 학종으로 3개의 의대를 놓고 고민하는 결과를 얻기도 했습니다. 2년 동안의 해외 생활이었지만 본교로 돌아오니 행정적으로 많은 것들이 변해있어서 개인적으로 적응하는 데 다소 시간이 걸렸던 것 같습니다. 귀국한 지 올해로 4년이 되는 지금 1년의 고3 담임을 마치고 학교의 진학기획부장이 되어 역할을 다하려 노력하고 있습니다. 중국에서 같이 공부했던 학생들이 학교로 방문해서 저를 만나 5년 전의 이야기를 회상하고 웃고 떠들다 돌아가면 그때의 열심이었던 학생들의 모습이 현실과 비교되어 과거의 학생들과 저와의 생활을 돌이켜보고 추억을 회상하곤 합니다. 지금의 생활을 불만족 하는 것이 아니라 아쉬움을 느끼는 것이 많아서 과거를 자꾸만 떠올리는지도 모르겠습니다. 오늘, 제게는 처음이자 마지막인 여자 제자들이 고등학교 졸업 후 처음으로 맞는 스승의 날을 기념하기 위해 중국에 있는 저를 찾아와 감사의 마음을 전달한 굿즈가 눈에 띕니다. 학생들이 선물한 굿즈를 보며, 어떤 교사로 살아갈 것인가 고민하는 시간을 갖고 수업에 들어갑니다.

졸업생이 선물한 굿즈

1인 2색

싱가포르
한국국제학교

이 범 석

現 수원 유신고등학교 수학교사
前 싱가포르한국국제학교 학생부장

선생님의 자녀는 어떤 아이로 기르실 건가요?

가족 여행과 글로벌한 마인드를 싱가포르에서 기르세요.

가기 전 준비

⊘ 스펙 만들기!

10월쯤 대부분 학교들의 공지가 뜹니다.

공지 사항에서 합격의 당락을 결정하는 것은 우대조건이 제일 중요합니다.

그해에 우대조건에 적임자가 없으면, 차선책으로 사람을 구하기도 하지만, 매년 조금씩 다릅니다. 구하지 않고, 현지 조달하는 경우도 있습니다.

준비하시는 선생님들은 반드시 전년도 본인 교과 또는 초등 선생님들은 지원하고자 하는 지역의 우대조건을 필히 확인하셔야 합니다.

매년 우대조건이 나오는데, 저는 수학이기 때문에 우대조건은

AP CALCULUS 수업 가능자!!

참고로 해외 한국국제학교로 나가겠다고 마음을 먹고 준비를 2019년도에 1년간 스펙을 만들기 시작했습니다.

가장 먼저, **동아리 활동!!**

English math 동아리를 창설하고, 학생들에게 AP CALCULUS 를 가르치기 시작했습니다.

전년도 기출문제를 분석하고, 거기서 원하는 묻고자 하는 내용을 바탕으로 PPT를 준비하고, 학생들에게 조금씩 영어로 내용 설명을 진행했습니다.

두 번째로, **모든 활동 나이스 입력!!**

지역 봉사 활동 중 수학교사이지만, 영어 가르치는 것을 좋아해 서 지역 봉사 활동의 목적으로 가르쳤던 영어에 대한 기관 인증들을 받아와서 모든 스펙을 모았습니다.

해외 스펙 쌓기 중에 핵심은 "멀티 태스킹" 능력이라고 생각하 고, 다양한 활동을 진행했습니다.

학생 드럼 가르치기, English math 동아리, 드럼부 자율 동아리, 창체 기획 부서에서 학교 축제 전담 기구, 수학 특기자, 수학 특성화

활동, 한국어 토픽 시험감독 교사 신청, 다양한 스펙들을 모아서 준비하기 시작했습니다.

⊘ 영어 능력 시험 준비!!

참고로 자신이 영어에 능숙함을 표현하기 위해서는 영어 공인시험이 필요합니다. 그래서 처음엔 파견교사로 신청할 목적으로 TEPS 성적을 높이려 노력했는데, 점수가 너무 안 나왔습니다.

아이쿠, 이거 어떻게 하나?

카투사 근무 시절 토익시험을 봤었는데, 듣기가 거의 만점이 나왔던 관계로 토익시험으로 방향을 틀었습니다. 그 결과 758점!! 토익점수와 지역사회 영어 가르치기 봉사 활동 인증 두 가지로 저의 영어 실력을 어필했습니다.

싱가포르 국제학교를 알아보니, 원어민 교사들과 함께 근무한다는 홈페이지 https://www.skis.kr/default/ 내용을 보고, 탁월한 영어 실력을 바탕으로 원어민 교사들을 잘 인도하여 한마음으로 한국인 교사들과 원어민 교사들을 이끌어서 국제학교로서의 위상을 높이겠다는 내용을 썼습니다. 지금 와서 생각해 보면, 싱가포르의 학교 생활이 너무 행복하고 즐거웠습니다. 사립만 아니었으면 바로 다른 지역으로 저는 지원했을 겁니다. 하하~~

✅ 한국어 교사자격증!

3급 한국어 교사자격증 과정을 밟았지만, 시험 합격률이 20 프로란 얘기에 시험응시는 포기!!

대신에 2급 한국어 교원양성과정을 신청하고 준비했습니다. 물론, 수료는 못 한 상태에서 싱가포르로 가게 되었습니다. 중요한 것은 그 과정을 통해, 국제학교에 적임자라는 이미지 만들기가 중요합니다.

면접 준비 / 면접 진행

✅ 면접 하루 전 준비!!

면접 때 자신의 태도를 알지 못하기 때문에, 나에 대한 피드백으로 스마트폰으로 영상을 제작하여 표정, 손짓, 앉는 자세, 자신 있는 말투 모든 것을 스캔해봤습니다.

예상 질문으로 분명, 영어질문이 반드시 나온다고 생각했고, 영어문장을 만들어서 교직관, 학생 지도관, 학교를 어떻게 발전시킬 것인지를 나름 영어문장을 만들고, 주변 원어민 교사에게 첨삭을 받고, 문장을 암기했습니다.

어떤 질문이 나와도, 교직관, 학생 지도 방향, 학교발전 방향은 항상 문장 중간에 첨부하시면 됩니다.

⊘ 면접 진행!!

집이 수원이었기 때문에, 차로 한 시간 정도 갔습니다. 영OO고 쪽에서 내려서 중학교에서 면접 시간 30분 전에 도착, 대기 장소에 두 명 정도 대기해 있었습니다.

면접관들은 교장 선생님들과 이사장님이 들어왔습니다.

일반적인 면접 질문: 선생님을 반드시 뽑아야 하는 이유? AP 수업을 가르칠 수 있는지에 관한 질문, 고등학교에만 계셨는데 중학생을 가르칠 수 있느냐에 대한 질문들이 진행되었습니다.

영어질문: 이사장님께서 직접 영어질문을 진행하였습니다. 그래서 준비한 대로, 어떻게 학교발전에 이바지할 것인가에 대한 대답을 진행하였습니다. 어제 만들었던 교직관, 생활 지도관 등을 말했습니다.

싱가포르는 높은 물가로 인해, 질문 중에 선생님 생활비는 어떻게 충당할 것이냐고 질문이 있어서 그건 한국에서 조달할 수 있으니 전혀 문제가 없다고 대답했습니다.

합격 후 출국 준비

⊘ 수업 준비 교재 스캔!!

가장 걱정했던 부분은 제가 한국에서 쓰고 있는 모든 교재와 문제집들, 싱가포르에서 사용할 교재들을 걱정하며 모든 문제집을 스캔 작업화했습니다. 결론은 다 필요 없습니다. 현지 선생님들과 함께 공조하여 현지에서도 충분히 조달됩니다. 그냥 현지에 가서 여행과 다양한 취미 활동과 관련된 물품들을 준비하시는 걸 강력히 추천합니다.

현지에 가면 알 수 있겠지만, 중학교 고등학교 교과서, 온라인에서 교과서 연동 문제를 출력해서 가르치면 됩니다.

한국에 비해 학생들이 수학 부문에서는 수준이 매우 높은 편은 아니기 때문에 전혀 부담 가지실 필요가 없습니다. 싱가포르는 영어 능력이 뛰어난 편이기에 다른 과목 교사분들은 한국과 달리 부담가지실 필요가 없습니다.

⊘ 골프 레슨!!, 골프 연습!!

짐을 최소화하였기 때문에 혹시 몰라서 골프 자세 연습, 스크린 골프 연습 정도로만 조금씩 준비했습니다. 코로나로 인해 2년간은 아무것도 못 했지만, 마지막 해에는 싱가포르 9인 홀, 조호바루 포레스트, 팜 리조트, 바탐 골프장 등 골프를 칠 기회가 여러 번 있었습니다. 가격도 5만 원 정도라 저렴하므로 골프를 기본자세만 배우고 편안하게 치시면 됩니다.

⊘ 수영 레슨, 테니스 레슨 강추!!

가시면 알겠지만, 한국 사람들은 콘도에 삽니다. 콘도에는 필수로 수영장과 테니스장을 갖추고 있어서, 가족들과 수영장을 이용하거나, 테니스장을 이용합니다.

⊘ 집 정리할 것이냐? 말 것이냐?

유경험자로서 2가지를 추천하고 싶습니다.

경제적으로 여유로우시면, 집을 그대로 두고 가세요, 방학 때마다 한국에 와서 의료진료와 기타 다양한 방문 기회들이 있어서 집을 정리하고 가시면 정말 불편합니다. 저는 한국에 3년간 안 들어올 생각을 했기에, 정리하고 갔습니다.

⊘ 월세 조달을 위한 정리!!

만약 집을 정리하시고 가시려면 월세를 꼭 두고 가세요, 아니면 집을 전세를 두고, 집 한 채를 더 사고 가세요!!

불편할 수 있지만, 현지 월세 지원금 250만 원, 실제 월세가 400만 원~520만 원 선입이다. 그래서 주는 금액으로는 150만 원이 월급에서 조달하게 됩니다. 자녀가 없거나 한 명이면 주는 돈으로 충분히 살 수 있지만, 저처럼 자녀가 둘인 경우엔 한국 돈을 1년간 1000만 원씩 가져와야 합니다.

도착 후 현지에서 초기 생활

⊘ 집 구하기!!

　여행하는 마음으로 두 딸과 아내와 함께 설렘으로 비행기에 몸을 실었습니다. 도착하니, 학교 선생님이 마중 나오시더군요. 나는 2주 전에 미리 도착하여 집을 구할 목적으로 숙소에 짐을 풀었습니다. 대부분 선생님은 한국인 에이전트에게 영상으로 집을 보고 계약을 끝냈지만, 와이프가 꼼꼼한 편이기에 우리는 도착 후 일주일간 집을 구경하는 것으로 집을 구했습니다.

　가격이 마음에 들면, 집이 너무 오래되었고 집이 마음에 들면 가격이 너무 비싼 것이 싱가포르입니다. 그래서 결정한 곳은 학교 근

5층인 테사리나 중간에 있는 수영장 전경!

처 테사리나!! 월세가 320만 원 정도 했습니다. 지금은 이곳이 월세 500만 원입니다.

저는 1년만 계약하고, 에이전트를 끼지 않고, 집주인 에이전트와 직접 거래를 진행했습니다. Signature Park!! 학교에서 버스로 네 정거장 떨어진 곳!! 가격은 2021년 당시 230만 원, 2023년도엔 400만 원으로 월세가 거래되었습니다. 선생님이 지원하시는 시점에는 집 값이 다시 정상적으로 내려갈 것으로 보입니다.

⊘ 주변 둘러보기!!

도착 후 첫날 학교로 그랩을 타고 올라갔습니다. 싱가포르는 GOJEK이라는 택시 앱이 훨씬 저렴합니다. GRAB, GOJEK, TADA 택시 앱이 있는데, 세 개 모두 잘 사용하는 앱입니다. 필수 앱!!, CITY MAPPER는 현지에서 거의 버스, 지하철 위주로 많이 다닙니다. 한국과 달리 대중교통이 정말 잘 되어있습니다.

찻값이 너무 비싸 구매가 불가능입니다. 예) 아반떼가 9000만 원 수준입니다.

마리나베이샌즈, 센토사, 싱가포르 나이트 사파리, 유니버셜스튜디오 등 매주 토요일마다 유명한 관광명소를, 집을 구한 뒤 가족과 함께 여행하며, 매 주말을 가족 여행으로 보낸 시간이었습니다. KLOOK 앱도 할인이 많이 되니 꼭 내려받으시길 추천합니다.

첫 1년간은 나이트 사파리, Singapore Zoo 등 1년 연간회원권을 추천합니다.

센토사 코브 해변(컴퓨터 배경 화면 아님!)

싱가포르 동물원

⊘ 필요한 물건은 Carousell과 이케아!!

우리나라 당근마켓처럼 싱가포르는 Carousell을 많이 사용합니다. I-condo 앱을 사용하는 콘도(캐스캐디아, Signature park)의 경우 콘도 자체적으로 물건을 싸게 내놓으니 꼭 활용하시길 바랍니다. 물건을 사실 때 대부분 직거래인데, 한국분들은 정말 좋은 물건을 싸게 내놓습니다.

⊘ 인터넷은 새로 계약하기 추천!!

인터넷을 처음 집주인 것을 인계받은 경우 월 50불(5만 원) 정도를 지출했지만, 보통 2년 계약의 경우 3개월의 무료 혜택이 주어집니다. Singtel이 가장 안정적으로 인터넷이 빠릅니다. Circle one이나 Star hub도 비슷하지만, 우리나라로 치면 SK와 비교되는 KT라고 생각하시면 됩니다.

⊘ 싱가포르 중간방학 편!

싱가포르국제학교는 5월 중간방학 1주일, 10월 중간방학 1주일이 있습니다. 정말 좋은 제도입니다. 이 기간에는 비행깃값과 모든 것이 제일 저렴합니다. 특히, 5월과 10월에 가능하면 호주 퍼스를 다녀오시길 추천합니다. 이 기간에 비행깃값도 저렴하며, 날씨도 딱 좋은 기간입니다.

저는 경제적인 여유가 조금 없었기에 호주는 포기하고, 가족끼리 싱가포르 유람선 여행을 총 세 번 갔다 왔습니다. 두 번은 로열 캐러 비언을 이용했고, 한 번은 갠팅크루즈를 이용했습니다. 장점은 싱가포르에서 출발하여 지역 국가 두 세 군데를 순항하고 정박 후 다시 싱가포르로 복귀하는 프로그램인데, 숙박부터 뷔페 스타일의 음식들이 정말 마음에 듭니다.

⊘ 자녀교육 편!!

1년간은 자녀들도 저도 학교 적응하느라 자녀들 학원이나 과외를 시킬 수 있는 여력이 없었습니다. 싱가포르에 오기 전에 자녀들을 영어단어를 암기시키는 학원이나 과외를 꼭 하고 가시길 추천합니다. 첫째 아이의 경우 어휘력이 좋아서 싱가포르의 모든 수업에 잘 적응했지만, 영어단어 암기를 하지 않은 초등 1학년 아이는 영어 수업 적응을 힘들어했습니다. 그래서 한 선택이 영어 과외와 중국어 과외였습니다. 둘째 아이 중국어 숙제를 봐주다가 3년 차쯤 되니, 수준이 높아져서 제가 도와주기 불가능하더군요. 그래서 개인과외를 붙여줬습니다.

⊘ 휴대전화 사용료/전기세 아끼기!!

핸드폰의 경우, 자녀 휴대전화기들은 매달 8달러 가장 저렴할 겁니다. Redone 서비스 구글 검색해서 매장에서 유심칩을 사서 끼시면 됩니다. 그럼 매달 1일에 8달러만 내면 됩니다. 집과 학교에 와

이파이가 설치되어 있어서, 비싼 휴대전화 사용료는 사용할 필요가 없습니다. 집의 전기세 및 물세는 정부가 운영하는 SP를 사용하게 되는데, 저는 GENECO를 사용해서 2년 계약을 활용하여 가격을 확 낮춰서 전기를 싸게 공급받았습니다.

현지에서의 생활(생활 편. 학교 업무 편)

매일 아침 NEXUS라는 버스 정류장(캐스캐디아콘도 맞은편)에서 셔틀버스 7:50분 중등은 8:20분 전까지 5분 단위, 초등은 8:20분부터 8:40분 셔틀버스를 타고 등교합니다. 대부분 자녀와 함께 등교하시게 될 겁니다. 중고등은 일과시간이 8시 20분에서 4시 10분. 초등은 8시 40분부터 3시 40분! 중등보다 30분 일찍 끝납니다. 자녀들과 도서관에서 함께 있다가 셔틀버스를 타고 집으로 함께 귀가하거나 자녀들은 셔틀과 버스를 타고 먼저 귀가하면 됩니다.

중등학교 업무는 총 5부장제를 운영합니다. 교무부장, 진학지도부장, 연구부장, 생활지도부장, 국제부장! 참고로 국제부장은 영어교과 1명이 담당합니다. 교무부장, 진학지도부장을 제외한 나머지 부장들은 담임과 겸직으로 진행됩니다. 매일 4시 10분 칼퇴근으로 교사들은 퇴근 후, 일주일에 한 두 번은 서로 운동하며 함께 시간을 보냅니다. 엄마와 두 자녀가 함께 오는 교사들도 매년 한둘 있는데, 그 경우는 엄마가 늘 바쁩니다.

⊘ 의료비 지원!!

학교에서 의료비는 월 3번 50불씩 지원됩니다. 대부분 싱가포르는 월세와 의료비, 교육비 이 세 가지가 3대 비싼 생활비에 해당하며, 웬만한 치료는 방학을 이용하여 한국에 와서 다들 해결합니다. 저의 경우, Beauty World plaza의 Yi Xin이라는 곳에서 침을 맞거나, TCM 치료를 받으며, 학교 의료비 지원을 받으며 생활했습니다.

매년 외국 생활 장기체류 의료보험을 갱신하는데, 한국에서 한 후, 싱가포르에서 온라인으로 의료보험을 신청할 수 있으니, 꼭 하시길 추천합니다. 웬만한 의료비는 다 커버됩니다.

귀국 후의 생활

2023년 2월 말에 귀국 후, 집을 정리하고 간 상황이므로 학교에서 집이 약간 먼 상태로 다니고 있습니다. 귀국 후 꼭 챙길 것이 두 가지가 있습니다. 직장 의료보험의 경우, 의료보험피보험자와 보험자 모두 면제 처리가 됨을 숙지하세요, 본인으로 부모님이 있는 경우, 부모님 금액을 제외한 면제 처리가 됩니다. 개인 보험의 경우 외국 체류 증빙서류를 제출하면 면제 처리가 됩니다. 저는 연금이 두 달 치가 한꺼번에 내고 있어서 100만 원의 금액이 나가고 있습니다. 사립이라는 특수성 때문에 3년만 생활했지만, 공립에 있다면 저의 친구들처럼, 제가 있는 올해에 홍콩, 필리핀, 호찌민, 하노이 전국에

흩어져서 근무하고 있습니다. 저랑 일부 교사들만 한국에 들어온 상태입니다.

이 글을 쓰는 시점은 두 달도 되지 않은 상태입니다. 아직 싱가포르 학교생활이 너무 그립네요.

이 글을 읽는 선생님들은 꼭 해외 한국국제학교를 지원해서, 합격하시고 가족들과 아주 특별한 나만의 경험을 쌓아가시길 축복합니다.

1인 3색

중국
무석한국국제학교

윤 여 경

現 대전 둔원고등학교 진로전담교사
前 중국 무석한국국제학교 11, 12학년 담임

알려지지 않은 삼국지에 등장하는 오나라의 역사가 가득한 무석으로 오세요.

재외한국학교에서 영어교사로 살아갈 수 있는 서바이벌 키트를 제공해드려요.

시작하면서

언제부터인지 기억은 정확하지 않지만, 저에겐 '역마살(驛馬煞)'이 있는 것은 아닐까 생각하게 되었습니다. 과거 역(驛)에서 쓰이던 말 (馬)들이 한 곳에 정착하지 못하고 여러 역을 떠돌아다녔던 것을 지칭하는 이 단어에 살(煞: 죽일 살)이라는 한자가 붙어 있는 것을 보면 결국 그렇게 떠돌다 객사한다는 무시무시한 뜻이 있습니다. 하지만, 어느 순간부터 몇 년을 주기로 잠시라도 어느 한 곳에 멈추어 있는 자신을 느끼면 모든 일에 의욕이 떨어지고 마음이 조급해지면서 새로운 곳에서 새로운 일을 시작하고자 하는 마음이 스멀스멀 가슴 속에서 올라오게 됩니다.

그나마 다행인 것은 예전과는 달리 변화하는 현대사회에서 한 곳에 머물지 않고 이리저리 떠도는 저의 모습을 주변에서 '노매드'나

'저니맨'으로 좋게 포장하여 이야기하고 때로는 대책 없는 부유(浮游) 생활에 부러움을 표시하는 분들도 계시다는 겁니다. 어떤 역술인의 말을 빌리자면 "사람이 역마살이 없으면 **비자**가 안 나오죠."라는 우스개 이야기처럼 예전과는 다른 관점에서 볼 수도 있는 것 같습니다.

대학 시절 어학연수 명목으로 시작한 일본 도쿄에서 1년, 대학원 졸업 후 직장생활 반, 공부 반 시간을 보낸 미국 샌디에이고에서 2년 반, 그리고 가족과 함께 재외한국학교 교사로 중국 무석에서 3년의 시간은 지금까지 살아온 인생 전체를 보면 20% 남짓한 시절이지만 제 삶에서는 나머지 80%의 기간보다 많은 기억과 영향을 주었다고 생각합니다.

사실 어느 쪽이냐고 묻는다면 저는 여행을 좋아하는 편은 아니라고 답할 듯합니다. 주어진 짧은 시간 동안 숨 가쁘게 최대한 여러 관광지를 돌아다녀야 한다는 부담 때문이라는 상투적인 대답 외에도 어딘가 정을 붙이지 못하고 보이는 부분만 가벼운 마음으로 즐기는 것에 그다지 편안함을 느끼지 못하는 성격 때문인 것 같습니다. 단기간의 여행과는 다르게 새로운 곳에서 정착하여 일정 기간 이상을 살기 시작하면 그곳의 삶의 형태가 조금씩 눈에 보이기 시작하고, 그곳에서의 새로운 형태의 삶이 시작된다는 기대감이 커지기 시작합니다. 여행을 하면 어디를 방문해도 느껴지는 이방인으로서의 외로움과 불안감이 이제는 새로운 생활에 대한 기대감으로 상쇄되고, 새로운 지역의 새로운 거주자로서 나의 존재감을 조금씩 넓혀간다는 느낌을 즐기게 됩니다.

이제부터 소개할 중국 무석한국국제학교는 2015년 3월부터 2018년 2월까지 3년간 근무했던 곳으로 이곳에서의 생활 이후를 저의 교직 생활의 2막이라고 말할 수 있을 것 같습니다. 그 이야기는 제일 마지막에 다시 하도록 하겠습니다. 이미 5년이 넘어 많은 시간이 지난 희미한 기억을 더듬어 글을 쓰면서 그동안 무석한국국제학교에 대한 글을 올렸던 네이버 '재외국민교육기관 교사' 카페와 제가 운영자로 있는 '재외한국학교 영어교사의 휴식처'의 글을 다시 참조하게 되었습니다. 자신이 쓴 과거의 글을 다시 읽으면서 오글거림이 많이 느껴졌지만 제가 무석한국국제학교에 대해서 가졌던 많은 애정을 다시 한번 확인하는 시간이 되기도 하였습니다.

아무쪼록 지극히 개인적이며, 어쩌면 이상하게조차 보일 수 있는 저의 재외한국학교 경험담이 새로운 도전을 생각하는 여러 선생님께 조금이나마 도움이 될 수 있기를 바랍니다. 전체적인 글은 '무석한국국제학교를 지원하기 전까지'와 '무석한국국제학교에서의 생활', 그리고 마지막으로 '무석한국국제학교를 지원해야 하는 이유'의 세 부분으로 구성해 보았습니다.

무석한국국제학교를 지원하기 전까지

지금에서 생각해 보면 무석한국국제학교는 제가 처음 원했던 재외한국학교 희망 목록에는 올라와 있지 않았던 학교였습니다. 좀 더 솔직하게는 재외한국학교에 지원하겠다는 결심을 하고 꽤 오랜 기간 동안 그런 학교가 있는지조차 몰랐을 정도였고, 중국에서 제가 근무하게 될 거라는 생각조차도 없었던 것 같습니다.

경기도 중학교에서 근무할 당시 영어교사로 재직 중이었던 학교에서 재외한국학교에 근무했던 선생님의 이야기를 듣게 된 것이 저의 도전의 시작이었습니다. 이전까지 막연하게나마 근무하면 좋겠다는 생각은 했지만, 중등 영어 교과의 경우 다른 교과보다 초빙 지원 경쟁이 세지 않다는 이야기를 듣고 본격적으로 준비해보자는 생각을 하게 된 것입니다. 영어 교과가 상대적으로 경쟁이 세지 않은 이유는 이후에 좀 더 자세히 이야기하겠지만, 제가 '재외한국학교 영어교사의 휴식처'라는 카페를 운영하게 된 이유이기도 합니다.

제가 처음 도전하고자 했던 재외한국학교는 일본의 동경한국학교였습니다. 대학 시절 거주했던 지역이 바로 동경한국학교가 소재한 '이치가야'였는데 그 당시 초등학생이었던 조카들을 등교 때 데려다주곤 해서 익숙한 학교였습니다. 더욱이 일본어는 상대적으로 외국어로서 쉽게 공부할 수 있어 쉽게 생활함에 있어 다른 국가보다 여러 가지 유리한 점이 있다는 판단이 있었고, 가족들 역시 이미 여러 번의 일본 여행을 통해서 큰 거부감이 없었던 것이 선택의 이유가 되었습니다. 하지만 2011년의 도호쿠 지방의 대지진과 해일로 인한 사건 이후 부모님과 주변의 만류로 동경한국학교 지원은 포기해야 하는 상황이 되었습니다.

유일하게 원했던 재외한국학교를 자의 반 타의 반 포기하게 되었는데 직후 외국어고등학교로 이동하게 되었고 동시에 영어 교과서 집필에 참여하게 되는 등의 바쁜 나날이 시작되어 한동안 재외한국학교에 관한 관심을 잠시 접었던 것으로 기억합니다. 그렇지만 저의 역마살은 잠시 수면 아래에 있었을 뿐이지 여전히 무의식적으로 관련 카페에서 활동을 계속하였고, 혼자의 힘보다는 재외한국학교 도전에 관심이 있는 여러 선생님과 함께 생각과 자료를 공유하는 것이 필요하겠다는 얄팍한 아이디어를 바로 실행에 옮겼습니다. 과거 카페 게시판의 글을 보니 2012년부터 이미 이런 모의(?)를 꾸미고, 2013년 여름에 본격적으로 선생님들을 모으기 위한 노력을 했습니다. 첫 모임은 서울 종로의 스터디 카페를 빌려서 전국에서 오신 선생님들과 서로의 정보와 자료를 공유하고자 했는데 생각보다 많은 분이 호응해주셔서 걱정했던 것과 달리 무사히 모임을 마칠 수 있었습니다. 여기에 용기를 얻어 지원 전 2차 모임을 강남에서 진행하였고, 실제 지원 자료를 갖고 지원서를 작성해보는 시간을 갖도록 하였습니다. 동경한국학교 지원을 포기했던 저는 당시만 해도 좋아 보였던 중국과 한국 사이의 관계를 고려하여 아이의 교육까지도 고려한다는 생각으로 당시 인지도가 높은 청도청운한국학교 지원을 결심하게 되었습니다. 1차 서류는 무사히 통과하였지만, 눈이 내리는 추운 날씨 속에서 서울의 모처에서 열린 면접에서 막연한 기대와는 달리 긴장과 준비 부족으로 처참한 면접을 치르게 되었고 우리 가족이 그해 칭다오에 가는 일은 없었습니다.

2014년 두 번째 도전에서는 이미 첫 번째 낙방에 겁먹은 저는 이 번에는 저를 꼭 필요로 하는 곳에 지원하고자 하는 방향으로 전략(?)을 수정하였고, 마침 이전 해에 지원자 모임에서 알게 되었던 C 선생님께서 초빙에 성공하셔서, 근무하고 계신 무석한국국제학교에 대한 정보를 접하게 되었습니다. 사실 그 이전까지 무석한국국제학교에 대한 아무런 정보가 없었던 저는 C 선생님의 무석한국국제학교에 대한 자세한 정보와 거주하는 아파트의 사진을 보고 나서는 이전까지 다른 학교보다 운명(?)을 느꼈으며, 올해 내가 도전할 학교는 바로 이곳이구나 하는 생각이 들었던 것 같습니다. 그리고, 그 예측은 정확하게 맞아떨어져 면접 장소에 영어교사는 제가 유일하였습니다. 그날 면접 대기 장소에서 만난 여러 선생님은 대부분 초빙 대상자가 되어 상해공항에서 무석한국국제학교를 향해 출발하는 무석한국국제학교 스쿨버스에 함께 탑승하게 되었습니다.

초빙이 확정되고 나서의 현실적인 문제는 한국의 짐들을 어떻게 정리하고 그중 얼마나 많은 짐을 중국으로 보낼지 결정하는 것부터 시작되었습니다. 결론적으로 말하면 이삿짐은 몸을 쓴 만큼 비용을 줄일 수 있었습니다. 일부러 사서 갈 필요도 없지만, 그렇다고 일부러 버리고 갈 필요도 없습니다. 아시겠지만 중국에서도 타오바오, 징동(중국의 쿠팡이나 지마켓 같은 쇼핑몰)에서 우리가 필요로 하는 물건을 다 구하실 수 있습니다. 가전제품 역시 나름 가성비 높은 중국 물건을 구하실 수 있을 겁니다. 예를 들어, 중국에도 장마도 있고 공기도 우리보다 좋지 않아 빨래를 자연건조 시키기 부담스러우시면 하이

얼이나 메이디 같은 중국 회사 건조기는 가격이 30만 원대에서 구하실 수 있습니다.(이건 2018년 기준이며, 국산제품이 물론 좋습니다) 일부러 한국에서 모두 가지고 가거나 구매해서 가실 필요가 없다는 겁니다. 애당초 냉장고 등의 전자 제품은 헤르츠 등의 문제가 있어서 고장이 쉽게 날 수도 있다고 합니다. 또한, 중국에서 집을 구하실 때 한국인들이 선호하는 지역의 경우 전자 제품이나 가구들이 구비된 곳이 있어서 미리 현지사항을 파악하셔서 이러한 부분까지 잘 고려하셔서 이삿짐을 결정하시는 것이 좋습니다.

이사업체와 관련하여 말씀드리고 싶은 것은 이사업체를, 우리가 어떤 곳인지 알기는 어렵더라고요. 저는 출국 귀국 시 같은 업체를 이용했는데 사실 중국으로 갈 때 많이 실망했는데도 다시 같은 업체를 이용한 이유는 다른 선생님들을 통해서 알아보니 다들 비슷한 수준이었기 때문입니다. 그래서 이왕이면 내가 알고 있는 곳을 다시 이용하면서 똑같은 실수를 알면서 하지 말자고 했던 것 같습니다. 그리고 귀국 때는 회사보다는 그곳에서 일하시는 분을 믿고 진행했던 것 같습니다. 대기업 주재원들의 경우 100% 이사 비용이 지원되기 때문에 저희 초빙교사처럼 적은 금액만을 지원받는 경우에는 아무래도 상대적으로 영세한 이사업체를 이용하다 보니 디테일한 서비스가 부족한 경우가 많았습니다. 이사업체는 이삿짐 정리 전에 일단 최대한 여러 곳과 컨택하여 각 업체의 조건과 가격을 본인이 직접 비교해보시는 것이 가장 좋습니다. 재외학교에 미리 연락드려 어느 업체를 이용하는지 어떤 조건인지도 알아보시기 바랍니다.

이삿짐을 정리할 때의 팁은 선박을 통한 해외배송은 철저하게 부피로 가격이 결정되므로 미리 부피를 줄일 수 있는 옷이나 침구류 등은 압축팩을 사용하는 것이 좋습니다.(일부 배송업체에서는 압축팩은 박스가 찢어진다고 하는데 그런 경우는 거의 없었습니다. 테이핑만 확실하면 문제없습니다) 책의 경우도 본인이 직접 빈틈없이 넣으시고 빈 공간에는 의류 등을 넣어 완충재 역할을 하도록 하면 됩니다. 이렇게 물건을 본인이 힘들지만, 미리 정리해 놓으시면 이삿짐에 대한 파악과 함께 부피가 정말 1/2까지도 줄일 수 있었다고 생각합니다. 그래서 재외학교에서 지원받는 이사 비용을 최대한 활용하실 분이라면 이사업체에 미리 이사 박스를 신청하셔서 부피를 줄일 수 있는 물건들은 미리 싸놓으시면 좋습니다. 그리고 물건이 많아 이사 박스가 많아지면 나중에 부피를 재는 큐빅 계산이 복잡하게 느껴집니다. 그래서 미리 꼭 박스 사이즈별로 잘 표시하시고 이것을 큐빅으로 계산하셔서 대략적인 부피를 꼭 계산하실 것을 추천해 드립니다. 부피가 작으면서 무거운 물건이나 고가의 물품은 항공 이용 시 본인 캐리어를 통해서 직접 운반하시면 되는데 이것도 항공사마다 캐리어의 개수와 무게 제한이 다르기 때문에 단순하게 항공권 비용을 계산하지 마시고 이 부분까지 고려하셔서 구매하시길 바랍니다.

7인 7색, 해외학교 교사 체험기

1. 지원서 준비는 초빙공고가 나기 전에 미리 준비하시기 바랍니다.
   생각보다 학교생활을 하면서 준비하시기에는 시간이 부족할 수도 있고, 그러다 보면 누락될 수 있는 내용이 생기기도 합니다. 평소에 지원서에 반영될 내용의 자료를 하나의 파일로 정리해 두시는 것이 좋으며, 전년도 지원공고를 참조하여 지원서를 미리 작성해보시는 것을 추천해 드립니다. 가능하다면 주변의 친한 동료 교사분들이나 재외학교 경험이 있는 분들께 검토를 부탁드린다면 더욱 좋을 것 같습니다.

2. 초빙공고가 나면 관리자분들께도 솔직하게 미리 빨리 말씀하시고 본인의 초빙 지원에 대한 의지를 잘 설명하시기 바랍니다. 이때 추천서에 대해서도 함께 말씀드리는 것이 좋은데 일단 추천서에 반영될 내용의 초안을 작성해서 드리는 것이 좋습니다. 또한, 학교로 지원자 평판을 묻는 경우들이 있어서 별로 그런 경우가 많지는 않겠지만 마지막에 갑자기 지원 관계로 관리자분들과 갈등을 겪는 일이 없도록 조금 더 학교생활에 신경 쓰시는 게 좋습니다.

3. 1차 서류전형에 통과하셨다면 면접은 기본적으로 두 가지 방향에서 준비해야 합니다. 먼저, 본인이 쓴 지원서의 내용에 대한 질문을 준비해야 합니다. 자신의 지금까지의 경력이나 강점에 대해서 검증할 수 있는 질문들이 예상되기 때문에 이러한 부분에 있어서 설득력 있는 답변을 준비하셔야 합니다. 다음으로는 지원하는 학교에 대해서 얼마나 자신이 알고 있는지를 어필하셔야 한다고 생각합니다. 이 부분에 대해서는 학교의 홈페이지가 가장 준비하는 데 도움이 되리라 생각합니다. 학교의 교육이념과 전반적인 교육과정뿐만 아니라 학교의 특색사업 등을 홈페이지의 공지 사항이나 가정통신문 등을 통해서 충분히 접하실 수 있습니다.

4. 마지막으로 초빙을 준비하시려는 선생님들이 궁금해하시는 것들은 이미 자세한 정보가 앞에서 소개해 드린 카페에 대부분 있습니다. 키워드로만 검색하셔도 각 지역별 생활이나 지원 후기 등의 많은 정보를 찾으실 수 있을 겁니다. 그래도 더 개인적으로 궁금하신 내용이 있을 때는 구체적으로 질문을 하시면 구체적인 답을 얻으실 수 있다고 생각합니다. 제가 검색으로 많은 정보를 찾아보시라고 말씀드리는 것은 검색하시는 노력만큼 본인이 지원하시는 학교에 대해서 알 수 있고 나중에 실망감도 줄일 수 있지 않을까 생각합니다.

도착 후 현지에서의 생활

앞서 이야기한 것처럼 대부분의 한국 사람들에게 이름도 낯선 중국의 무석(우시)이라는 도시에 오게 된 것은 재외한국학교를 선택하는 과정에서 여러 가지 개인적인 사정과 지인의 추천 때문이었습니다. 그래서 이곳에서 한국의 지인들에게 무석이라는 도시를 설명할 때는 한국에 있는 사람들도 잘 알고 있는 '상해', 'SK하이닉스', 'IKEA'라는 단어들을 언급하게 되었습니다. 하지만 무석에서 3년을 지내고 복귀를 앞두었을 때 제가 사는 동네와 무석의 소소한 매력에 푹 빠져 있었던 터라 귀국해야 하는 상황이 아쉬울 뿐이었습니다.

중국어 발음으로는 우시라고 불리는 무석은 상해에서 고속열차로 40분 거리에 있는 곳이자 한국의 SK하이닉스 반도체 공장이 있는 곳입니다. 우시(無錫) 북쪽으로는 중국인의 젖줄이라는 양쯔강이 흐르고, 남쪽은 타이후(太湖)를 향해 있는 3000년 이상의 역사를 가진 도시로 알려져 있습니다. 강과 큰 호수를 기반으로 하여 어업과 쌀의 수확이 풍부한 곳으로 예로부터 "어미지향(鱼米之乡)"이라는 찬사를 받아왔으며, 한때는 주석의 산지로 알려져 있었는데, 한(汉)나라 때 이를 모두 채취한 이후로 주석이 없다고 하여 주석이 없는 곳이라는 의미의 무석(無錫)이라고 불리게 됐다고 합니다. 이곳의 최대의 명소는 중국 5대 호수 중 하나로 꼽히는 타이후(太湖)로, 공원이나 정원으로 잘 정비되었으며, 호반에는 여러 가지 많은 볼거리가 있습니다. 하지만 정작 제가 몰랐던 무석의 매력은 바다 같은 풍경을 자랑하는 타이후(太湖)나 중국 최대 도시인 상해 못지않았던 무석의 시내 모습이 아니라 중국에 도착하기에 앞서 불안하게 생각했던 무석의 일상에서 발견할 수 있었습니다.

2015년 3월 처음 학교에서 근무를 시작할 때는 한국과는 달리 학교의 시설과 환경에 놀라지 않을 수 없었습니다. 교실의 외벽 곳곳에서 중국 특유의 습기로 인한 곰팡이를 볼 수 있었으며, 페인트칠 역시 군데군데 벗겨져 처음 학교에 도착한 저는 실망감이 클 수밖에 없었습니다. 신임 교장 선생님의 생각도 저와 같으셨는지 대대적인 학교 전반의 리모델링을 시작하셨습니다. 이후 화사한 내·외벽 도장과 각 교실마다 대형 TV 도입 등 발전되어가는 모습에 새로 학교에 도착한 선생님들도 많은 열정과 의욕을 갖고 수업과 업무에 집중할 수 있었습니다. 또한 운동장의 육상트랙이 복원되어 저 개인적으로 무엇보다 안전하게 매일 아침 마음껏 달릴 수 있어 좋은 건강 루틴을 갖게 되었습니다. 처음에 왔을 땐 이러한 건물의 외형적 부족한 부분 때문이었는지 어딘지 어둡게 보이던 학생들의 얼굴도 초록이 푸른 운동장에서 마음껏 뛰면서 땀을 흘리는 모습을 보면서 모두 너무나 예쁘고 밝아 보였습니다.

제가 근무하고 있는 무석한국국제학교는 무석의 중심 시내에서 20분 정도 차로 떨어진 거리에 있는데 이곳은 한국과 일본의 여러 기업이나 공장을 유치하기 위해서 만들어진 뉴 디스트릭트(new district)라고 불리는 신취(新區) 지역입니다. 제 가족은 학교와 거의 맞붙어 있는 루이청궈지(瑞城国际) 아파트에 살다 보니 학교 등교 시간

인 8시 30분의 10분 전에만 집에서 출발하면 학교까지 문제없이 도
착할 수 있었으며, 중국에서 초등학교에 입학하게 된 아들의 손을
잡고 등교하기도 하고 때로는 지각이라며 서로 앞서거니 뒤서거니
를 반복하며 학교에 도착하기도 했습니다. 덕분에 한국에서는 아이
와 함께하기 어려웠던 아침 시간을 함께할 수 있었던 것이 저와 아
들과의 유대감 형성에도 많은 도움을 주었다고 생각합니다. 대부분
의 아침 식사는 집에서 한국식으로 해결하였지만 어떤 날은 과감히
중국식 아침 식사에 도전해 보곤 하였습니다. 아파트 앞 상가에 나
가보면 리어카에서 팔고 있는 지단삥이나 유타오와 또우푸탕을 먹
기도 합니다. 물론 우리가 원하는 만큼 깨끗한 환경의 식당처럼 보
이지 않으며, 말 그대로 길거리에서 만들어진 음식들을 먹다 보니
실제로 자주는 아니지만, 무엇이 정확한 원인인지 모르는 채로 한국

보다 잦은 배탈이나 장염에 걸리기도 합니다. 하지만 어떡하겠습니까? 우리가 원하는 위생 수준으로 바꾸어 놓을 수 없다면 저의 과민한 대장을 단련시키도록 노력하는 수밖에… 그럼에도 우리 가족이 루이청궈지의 상가 거리를 좋아할 수밖에 없는 여러 장소들이 있으니 바로 다음과 같은 곳들입니다.

지인들이 무석에 놀러 오는 경우 항상 Must-go에 해당하는 곳은 바로 운하와 그 수로를 따라 놓여 있는 옛 저택들을 볼 수 있는 난창지에 거리였습니다. 물론 이곳의 분위기도 상업적인 면이 강해서 항저우, 소주, 난징 등의 운하가 있는 다른 관광명소와 다를 바 없는 것처럼 보입니다. 하지만, 난창지에는 다른 운하들보다 규모가 크지 않은 반면에 수로를 중심으로 그 주변의 골목골목에 아기자기한 작은 중국 토속 가게들을 발견하는 재미가 있었던 것 같습니다. 이곳

을 잘 즐기기 위해서는 오후 느지막하게 가는 것이 좋은데 그 이유는 일단 주변의 풍경과 거리를 구경하면서 다양한 중국식당과 외국식당 중 마음에 드는 곳에서 식사를 마치면 어느덧 어둠 속에서 수로를 따라서 빨갛게 운하의 수면을 물들이고 있는 홍등 행렬을 발견할 수 있습니다. 다른 모든 것을 차치하더라도 이 이국적인 풍경 하나만으로도 이곳을 방문할 가치는 있다고 생각합니다.

무석한국국제학교를 지원해야 하는 이유

무석한국국제학교에서 근무가 끝나 한국으로 귀국한 후에도 코로나로 인해 중국 입국이 어려워지기 전까지 매년 무석한국국제학교 선생님들의 노력으로 인해 교육부의 해외동포 지원 재외한국학교 학습자료개발 사업계획서가 통과하여 연구위원자격으로 무석한국국제학교에 방문하여 한국에서 도움이 될 만한 내용의 교육 자료나 프로그램을 소개하였습니다. 근무하고 있는 학교에 눈치도 보여 주말을 포함하여 2박 3일의 빡빡한 일정이지만 무석한국국제학교 선생님들과 학생을 다시 볼 수 있어 행복했습니다. 한 번은 발표자료를 많이 나름 준비한다고 비행기에서까지 검토하고 발표 리허설을 하다가 의자 앞에다 자료를 꽂아두고는 그대로 내려 발표하면서 정작 발표 때 당황하여 벅벅거려 죄송하기도 했습니다.

언제나 다시 찾은 무석은 이전과 같이 편안하고 좋았습니다. 제가 다른 학교들에서 근무한 것이 아니라서 비교해서 말씀드리기는 사실 힘들지만 여러 가지 상황을 주변에서 듣고 이번에 한국에 와서 좀 더 객관적으로 보아도 지역 인지도 측면에서 떨어지는 것을 제외하고는 사실 재외학교로서 좋은 환경이라고 말씀드리고 싶어 마지막 주제로 글을 쓰게 되었습니다. 올해도 2학기가 되면 본격적으로 재외학교 지원을 고민하실 선생님들이 많이 계시리라 생각합니다. 온 가족이 함께 가시는 경우 여러 가지 환경을 고민하지 않으실 수 없을 거로 생각합니다. 제가 생각하는 몇 가지 무석한국국제학교의 장점을 소개해드리려는 이유는 꼭 무석한국국제학교 지원을 하시라는 이야기가 절대 아니고 이러한 부분들을 꼭 고려하시고 초빙 학교를 결정하기 전에 본인 스스로 여러 학교의 상황을 알아보시고 비교해보시는 게 어떨까 해서 몇 가지 말씀드립니다.

무석한국국제학교에 대한 개인적인 장점이라고 생각하는 환경적인 부분은,

⊘ 학교와 선생님들이 사는 거주지가 매우 가깝습니다.

실제로 제 경우도 학교와 바로 붙어 있는 아파트에 살았기 때문에 아침 출근에 걸리는 시간이 도보로 5~6분 정도였습니다. 그 외에 한국 주재원들이 많이 사는 지역의 아파트 단지도 학교에서 택시로 10~15분 정도 거리에 있습니다. 재외학교에 따라서는 거주지로부터 각 1시간 이상 출퇴근 시간이 걸리는 학교들이 대부분인 경우도 많으며 특히 몇몇 국가의 경우 러시아워로 엄청 교통체증이 심해

서 새벽같이 출근하는 곳도 있습니다. 처음에 별거 아니라고 생각하시다가도 나중에 이 부분 때문에 힘들어하시는 선생님과 자녀의 이야기도 많이 듣게 되었습니다. 제 경우에는 학교에 출근하기 전 아침에 학교 운동장의 트랙에서 30분 정도 러닝을 하고 다시 집에 와서 출근 준비를 해도 전혀 부담스럽지 않을 정도로 좋았던 것 같습니다.

⊘ 아파트 렌트비가 상대적으로 저렴합니다.

아파트는 여러 가지 옵션에 따라 달라질 수 있지만, 학교 옆 아파트의 경우 학교에서 주는 주택보조금으로 대부분 커버가 가능하고 주재원이 몰려 있는 지역은 천차만별이지만 가격의 70~80% 이상 정도 커버가 가능했던 것으로 기억합니다. 몇몇 재외한국학교의 20평대 아파트 렌트비가 400~500만 원 이상인 것을 고려한다면 이것은 경제적으로 꽤 큰 이점이라고 생각합니다.

⊘ 무석은 생각보다는 큰 도시입니다.

무석은 한국에서는 지명도 낯설지만, 중국 내에서는 도시 중에 10위권 중반에 속할 정도로 큰 도시입니다. 실제로 많은 중국의 재외학교들이 우리에게 지명은 익숙하지만 도시 규모 면에서는 무석보다 큰 곳은 상하이, 베이징, 광저우 정도라고 생각합니다. 실제로 우시 시내로 가보면 작은 상하이라고 불릴 정도의 많은 백화점과 건물들을 볼 수 있습니다.

⊘ 한국인에 대해 호감도가 높은 지역입니다.

무석의 경우 하이닉스와 더불어 많은 한국회사들이 상주하고 있어서 무엇보다도 타 지역에 비해 한국인들에 대한 호감도가 높은 지역이라고 말씀드릴 수 있습니다. 실제로 사드 때문에 문제가 심했던 시기에도 한국인에 대한 압박이 가장 뒤늦게 느껴졌던 지역이지 않았나 생각합니다. 제 경우도 무석에서 근무하자마자 중국어도 하나도 못한 상황에서도 단순히 좋아하는 운동이 같았다는 이유로 다양한 직업군의 중국 친구들을 만나 오기 전까지 정기적으로 함께 운동하면서 여러 가지 도움을 받았으며, 지금도 계속 연락하는 친구들이 많이 있습니다. 이러한 인간관계가 낯선 외국에서 즐겁게 생활할 수 있는 원동력이 되지 않았나 생각합니다. 기본적으로 무석 지역의 사람들(장수성 전체를 포함해서)은 사람들이 거칠지 않고 온화한 편이고 외국인에 대해서 기본적으로 호감을 갖고 대하는 사람이 많은 편입니다. (상해, 베이징처럼 외국인 관광객이 흔하지 않아 장삿속으로 대하는 사람들은 상대적으로 많이 만나지 않았던 것 같습니다.)

⊘ 한국타운이 잘 발달되어 있습니다.

코리아타운이라고만 말씀드리기는 힘들지만 '짜르광장'이라는 장소에 꽤 큰 규모로 많은 수의 한국, 일본식당이 있습니다. 한국만큼 만족할 수 있을 정도로 세련된 식당들이 많지는 않지만, 충분히 한국의 분위기를 느낄 수 있고, 특히나 한국말로 다 의사소통할 수 있을 정도의 식당들이 많이 있습니다. 게다가 무석에는 한국의 회사뿐만 아니라 더 많은 일본 회사 및 공장들이 있어 한국식당보다 훨씬 많은 일본식당이 운영되고 있습니다. 최근에는 많은 중국 사람들도 스시나 회를 많이 먹고 있지만 일단 입맛과 청결 부분에 있어서 까다로운 일본사람들의 기준을 충족하기 위해서 비교적 일정 수준 이상의 일본식당과 이자카야 등이 많이 있어 한국분들 중에서도 일본 음식을 좋아하시는 분들께는 다베호다이(음식 무한리필, 뷔페), 노미호다이(음료, 술 무한리필)를 통해서 한국 대비 저렴한 가격으로 일본 음식을 즐기실 수 있습니다. 물론 몇 군데 한국 음식 및 일본 음식 재료를 파는 상점들도 있습니다. 그리고, 제가 알아본 결과로는 일본어가 기초만 되신다면 이러한 지역의 식당들을 통해서 재즈, 소프트볼, 야구, 밴드 등의 일본인들 동호회도 참가 가능합니다.

⊘ 이케아와 데카트론, 메트로, 리바트 몰

이걸 장점으로 넣어야 하나 고민을 잠깐 했지만 저처럼 백화점이나 몰에서 정처 없이 돌아다니는 걸 좋아하실 분도 있을지 몰라 일단 적어 봅니다. 이케아와 리바트 4층짜리 대규모 몰이 있고요. 무석한국국제학교에서 15분 정도의 택시로 쉽게 가실 수 있는 거리에 있습니다. 지하철로도 연결되어 있어서 거주지에 따라서 매우 교통이 편리할 수도 있습니다. 그리고 이케아 근처에 스포츠 전문스토어인 데카트론이 있고 옆에는 우리나라의 코스트코를 연상케 하는 메트로가 있어 한 번에 다양한 쇼핑이 가능한 지역이라고 보시면 됩니다. 상해나 베이징하고는 비교하기 힘들지만, 당시 중국 전 지역에 이케아가 20여 개 정도 있다는 것을 고려하면 최소한 무석이 어느 정도 소비가 가능한 경제 규모의 도시인지는 짐작하실 수 있을 거로 생각합니다.

⊘ 우시국제공항

학교에서 택시로 20여 분 정도의 거리에 공항이 있습니다. 일단 국제공항이라고 해도 외국으로 가는 직항 노선은 많지 않습니다. 단, 요기의 장점은 우리 한국 사람들에게는 외국에 해당하는 홍콩, 마카오, 대만 등과 그리고 싱가포르의 노선이 존재하는 데 시기에 따라 가성비가 높은 항공권이 존재한다는 겁니다. 금요일이나 토요일을 이용해서 학기 중에도 갈 수 있지만, 상대적으로 겨울 방학이

긴 한국학교의 경우 겨울에 이 노선을 이용하면 좋은 경우들이 많이 있습니다. 소규모 공항이다 보니 국제노선도 실제로 1시간 이전에만 가면 시간이 넉넉한 경우가 많습니다. 그리고, 사드 이전에는 이 공항에서 직항으로 한국으로 오는 노선도 있었지만 아쉽게도 현재는 정기노선은 없고 특정 기간 동안의 특별노선만 가끔 있는 걸로 알고 있습니다.(2023년 6월 27일부터 매일 인천-우시 간 중국 동방항공 정기 직항편이 다시 운영된다고 합니다. 확인하시면 편리한 정보라고 생각합니다.)

사실 제가 재외한국학교 중 무석에만 근무했기 때문에 위와 같이 장점만을 많이 이야기한 것 같습니다. 물론 생활하면서 여러 가지 단점과 불만도 있었습니다만 제가 자신 있게 이야기해 드릴 수 있는 것은 무석한국국제학교가 제가 경험했던 것과 마찬가지로 초빙에 도전하는 여러 선생님에게 위에 말씀드린 것 이상의 좋은 경험을 제공할 수 있는 곳이라는 것입니다. 우리에게 익숙한 이름의 도시가 우리에게 가장 좋은 경험을 제공한다고 저는 생각하지 않습니다. 저는 자신이 한 선택을 믿고, 그 지역에 얼마나 애정을 갖고 그 지역의 사람들과 얼마나 친밀하게 교류할 수 있었냐에 따라 자신이 경험할 수 있는 그림의 색과 모습이 달라진다고 생각합니다. 초빙에 지원하는 모든 선생님께서 모두 저와 같은 좋은 경험을 하시기를 바라면서 글을 맺고자 합니다.

중국
상하이한국국제학교

서 슬 기

現 서울 노원고등학교 중국어교사
前 중국 상하이한국국제학교 중등 중국어부장

상하이의 다양한 매력 속으로 여행을 떠나요.

중국어 교사로 중국에서 근무하면 어떤 경험을 하게 될까요?

가기 전 준비

　교사가 된 지 2년 차 되던 해에 재외국민 교육에 대한 공문을 보며 막연하게 지원하고 싶은 생각이 들었습니다. 중국어 교사로 중국에서 학생을 가르칠 기회는 흔하지 않기 때문에 새로운 교육 경험이 될 수 있고 개인적으로는 연찬의 기회도 될 수 있어 그런 교직 경험을 동경해 왔던 것 같습니다. 자격 요건은 3년 차부터 가능하였기에 학교에서 맡은 담당 업무와 담임 업무를 배우며 충실하게 생활했습니다. 개인적으로 재외국민 교육에 대한 정보가 전혀 없었고 재외학교 교사로 임용되기 위해서 무언가 특별하게 준비해야 한다는 생각을 하지 못해 계획적으로 준비하지는 않았습니다. 그런데 지금 생각해 보면 배우고 활용하는 것을 좋아하여 다양한 연수를 들었던 것과 여러 업무를 맡았던 것이 도움이 되지 않았나 생각이 듭니다.

평소 상담 역량 강화, 중등 중국어과 교육 방법 개선 직무 연수 등 교육과 관련한 다양한 집합 연수와 온라인 연수, 중국에서 중국어 교사를 대상으로 진행하는 연수에도 적극적으로 참여하여 상담 방법 및 교육 방법 개선을 위해 노력하였습니다. 특히 재외국민 교육 선발에 지원하던 그해 북경시 교육위원회 초청 중국어 연수가 있었는데 선발 기준이 조금 까다로워 연구계획서를 제출해야 했고 중국어 성적도 필요했습니다. 지원 자격 요건을 위해 SNULT라는 중국어 어학 시험에 응시했던 시험 성적을 재외학교 지원할 때도 사용할 수 있었습니다.

재외국민 교육 선발에 지원하기 전 2년 동안 교무부, 1년 동안 3학년 기획을 맡아 학교의 전반적인 흐름을 배우는 데 큰 도움이 되었고, 난타 동아리를 3년 동안 맡아 지도하였는데 교내 행사뿐만 아니라 여러 기관에서 주최하는 대회 및 축제에 적극적으로 참여할 수 있도록 지원을 아끼지 않는 제 모습을 보시고 열정적이며 끊임없이 노력하는 교사라고 추천서를 작성해 주셨습니다. 저의 이러한 경험과 적극적인 태도가 재외학교 교사로 선발되는데 하나의 요인으로 작용할 수 있었다고 생각합니다.

3년 차가 되었을 때 중국지역 재외국민 교사 채용에 대한 공문을 확인했는데 다른 과목에 비해 중국어 교사는 극소수로 선발하고 있어 한 명씩 선발하거나 선발하지 않는 곳도 있었습니다. 한 개의 학교밖에 지원할 수 없어 어느 지역으로 지원을 해야 할지 고민을 하다가 개인적으로 한적한 지역보다는 북적북적한 도시를 선호하여 동양과 서양의 분위기를 동시에 느낄 수 있는 상하이에 지원하기로 하였습니다. 워낙 매력적인 지역이라 경쟁이 치열할 수 있겠지만 떨어지더라도 후회 없이 원하는 곳에 지원하는 것이 좋겠다고 판단하여 상하이에 지원하게 되었습니다. 주변에 경험한 지인이 없어 처음에 자기소개서를 작성하는 것이 막막했지만 지피지기면 백전백승(知彼知己, 百戰不殆)이라고 하지 않았던가! 가장 먼저 했던 일은 상하이 한국국제학교 홈페이지에 가서 하나하나 살펴보며 교육 방향을 확인해 본 것입니다. 이를 바탕으로 짧은 교직 경력 동안 경험했던 이야기를 녹여 자기소개서를 작성하였습니다. 추천서 작성 시 교장 선생님뿐만 아니라 같은 부서에 교감 선생님으로 나가기 위해 발령을 기다리고 계시며 저를 오랫동안 봐 오신 선생님께 도움을 청했는데 흔쾌히 도움을 주셔서 추천서가 더욱 풍부해질 수 있었던 것 같습니다.

저의 이런 노력이 통했던 것이었을까요? 1차 합격 통보를 받게 되었는데 매우 기쁘면서도 앞으로 면접은 어떻게 준비해야 할지 또다시 걱정되었습니다.

면접 준비 / 면접 진행

면접 대상자 발표를 하고 일주일 후 바로 면접이라서 시간적인 여유가 없었기에 단기간에 임팩트 있는 면접 준비가 필요했습니다. 아무래도 중국어 교사이기 때문에 중국어 실력은 당연히 검증하겠다 싶은 생각이 들어 우선 임용고시 면접 준비를 했던 노트를 다시 찾아보았습니다. 이 면접과 가장 비슷한 것은 무엇이 있을까 생각하다가 임용고시 때 다양하게 준비했던 예상 질문과 답안을 정리했던 것이 생각나 펼쳐보게 되었습니다. 임용고시 면접 준비 때 가장 힘들었던 부분이 우리나라의 교육학 용어 및 교육 현장에서 사용되는 용어를 중국어로 어떻게 표현하면 좋을지 어려워 나름대로 정리했던 것들이 있었는데 그런 용어들을 면접 진행 시 사용한다면 조금은 더 좋은 결과가 있지 않을까 하는 생각이 들었기 때문입니다. 또한, 교훈 정도는 중국어로 말할 수 있으면 좋겠다는 생각이 들어서 교훈을 중국어로 번역하여 암기했습니다.

이 외에 면접 사항에 나와 있지는 않았지만, 지원서 및 자기소개서에 작성했던 외국어 능력 시험 성적이나 동아리 지도 시 받았던 상장 및 위촉장 등 인사기록 카드에 기록되지 않는 사항들과 관련된 증빙서류를 미리 복사해 파일에 정리해서 갔습니다.

면접은 오전부터 시작이 되었는데 다행히 제가 사는 곳 근처에 있는 서울 서부지원청에서 진행되어 어려움이 크진 않았지만 계속 늦어지면서 지방에서 오신 분들은 기차 예매 시간 때문에 초조해하셨습니다. 결국은 예상 시간보다 많이 지체되어 점심을 먹고 오라는 안내를 받고 처음 뵙는 분과 식사를 하고 돌아와 조금 더 기다리다가 면접에 들어갔습니다. 세 분의 면접관이 앉아계셨는데 부임한 후 보니 가운데에서 가장 적극적으로 질문하셨던 분이 교장 선생님이셨습니다.

예상했던 대로 중국어 실력을 검증하기 위해 중국어로 대답을 요구하셨고 많이 긴장해서 준비했던 모든 것을 유창하게 말하지는 못했지만, 중국어로 자기소개를 할 때 중국어로 번역하여 암기했던 교훈을 인용하여 대답하였습니다. 그 밖에 학생을 지도하며 가장 힘들었던 점을 한국어로 대답해 보도록 하였는데 그해에는 맡은 반에 사랑으로 보듬어야 할 아이들이 특히 많았습니다. 그래서 담임교사로서 마음에 상처가 많은 학생을 지도하며 도움을 주지 못해 안타까웠던 사연과 지도하며 힘들었던 감정을 솔직하게 대답하였습니다. 면접을 마치고 뜻밖에도 어학 시험 등의 증빙서류를 제출하라고 말씀하셨고 미리 준비해 간 증빙서류들을 제출하자 다시 반환되지 않으니 복사해야 하면 나가서 복사해 오라고 하시길래 이미 복사해 온 복사본이라고 말씀드리고 바로 제출한 후 면접장을 나왔습니다. 면접을 잘했다는 느낌은 없었으나 준비성은 인정받았겠다는 생각을 하며 돌아온 기억이 납니다.

합격 후 출국 준비

면접 때 긴장을 많이 해서 최종 합격을 기대하지 않고 있었는데 감사하게도 메일로 최종 합격 통보를 받았습니다. 11월 말에 합격 통보를 받고 바로 취업허가증을 위한 서류 준비를 하여 그쪽 학교 메일로 보내라고 안내되었는데 기한이 너무 빠듯했고 안내가 자세

하지 않아서 여러 번 다시 보냈었습니다. 한글뿐 아니라 중문 이력서와 중문 및 영문 개인 승낙서도 작성해야 했는데 중국어와 영어로 된 부분을 제대로 안내해 주지 않아서 중국어를 전공한 저조차 특정 항목은 무엇을 기입하라는 것인지 정확히 알기 어려웠습니다. 그때 어떻게 조직되었는지 기억이 나지 않지만, 상하이한국국제학교에 합격한 선생님들끼리 네O버에 카페를 만들어 서로 정보를 교환하며 준비했습니다. 이 카페에서 활동하며 재외국민 교육기관 카페도 있다는 사실을 알게 되었는데 미리 알았더라면 합격하기 전에도 도움을 받을 수 있었겠다는 생각이 들었습니다. 아무튼, 손이 매우 빠르신 선생님께서 중문 이력서와 개인 승낙서를 작성해서 예시로 올려주시기도 했는데 그마저도 잘못된 부분이 있어서 많은 선생님이 여러 번 수정하여 보내는 과정을 거치며 면접보다 더 힘들다는 말씀들을 많이 하셨습니다. 매년 많은 선생님이 이런 과정을 거칠 텐데 행정실에서 예시를 작성해 주거나 공통적인 사항들은 친절하게 작성해 줬더라면 조금 더 수월하지 않았을까 하는 아쉬움이 들었습니다.

또 저는 신체검사를 받는 것 때문에 진땀을 뺐던 기억이 있습니다. 시기적으로 연말이기도 하고 몇 개의 지정된 병원에서 검사를 받아야 했고 병원에 따라 검사 결과가 당일에 나오기도 일주일 걸리기도 하였는데 제가 갔던 병원은 3일 후 결과가 나왔습니다. 하루라도 빨리 검사 결과를 제출해야 했고 행정실에서 안내하기를 신체검사 기록 의사 소견에 'Healthy' 또는 'Fit to work'가 명시되어야 한다고 했는데 결과 받으러 가는 날 병원에서 혈소판 수치가 일반인보다 많이 낮아서 'Healthy'로 써 줄 수 없다고 전화가 왔습니다. 'Healthy'는 아니어도 'Fit to work'는 가능하지 않냐고 말씀을 드리고 결과서를 찾으러 갔는데 마지막 부분에 'she is get to work, I think'라고 적혀있었습니다. 사소한 것 하나에도 재작성하라는 안내를 한두 차례 받은 저로서는 혹시 다시 신체검사를 받으라고 하지 않을까 불안한 날들을 보내야 했는데 다행히 잘 통과가 되었는지 12월 마지막 날 중국에서 특급 우편으로 날아온 고용계약서를 받아볼 수 있었습니다.

서류 준비를 마치니 이제 상하이에서 지내게 될 집 구하는 일이 걱정되었습니다. 네O버 두 곳 카페를 왔다 갔다 하며 다O에 상하이 한인 카페-두O 마을이라는 카페도 알게 되어 정보를 살펴봤습니다. 중국어 교사지만 상하이는 대학생 시절 베이징에 교환학생으로 있을 때 잠깐 여행 갔던 것 외에는 가본 적이 없어 눈앞에 그려지지 않으니 어디에서부터 어떻게 준비를 해야 할지 막막하기만 했습니다. 미리 가서 집을 구해야 하나? 중국은 춘절(春节) 전후로 일주일 정도 쉬는데 춘절을 피해서 1월에 가서 집을 구하고 다시 들어와서 출국 준비하자니 너무 빠듯하고… 그러던 중 대학 시절 친하게 지내던 친구가 상하이에 유학 갔던 것이 생각나서 연락했더니 아직도 상하이에 살고 있다고 했습니다. 본인이 거주하는 곳은 상하이한국국제학교와 많이 멀지만, 자신의 친구가 한인촌에 살고 있다며 친구를 소개해 주었고 그 친구가 사는 곳에 상하이한국국제학교 스쿨버스가 자주 지나다닌다고 하였습니다. 자신과 한 명이 함께 살고 있는데 마침 방이 하나 비어있다며 같이 살겠냐는 제안을 해주었습니다. 상하이는 집값이 매우 비싸서 현지에서 취업한 사람들은 공동생활 형태(合住)로 많이 살고 있기 때문에 낯선 곳에서 적응할 때까지 같이 사는 것도 좋겠다는 생각이 들어 그렇게 하기로 했습니다. 생각지도 못하게 집이 해결되면서 큰 부담을 덜 수 있었습니다.

이제 이사 준비만 끝내면 어느 정도 준비가 마쳐질 것 같아서 알아보니 동반 가족이 있는 경우는 대부분 피O스, 퓨O스 등 해외 포장이사 전문 업체를 이용하시는 것 같았습니다. 저는 혼자 가기 때문에 큰 짐이나 많은 짐이 필요 없어서 입국할 때 초기에 필요한 짐만 가져가기로 하고 여름옷이나 급하지 않은 물건들은 배편으로 미리 부치기로 했습니다. 배편은 3주~4주 정도 걸리기 때문에 그때는 집이 정확히 정해지지 않아서 학교 주소로 부쳤고 스쿨버스에 실어서 집 앞에 내리기는 했지만, 입구부터 집까지 짐을 가져가는 게 쉽지는 않았습니다. 상하이로 입국할 때 최대한 많은 짐을 가져갈 방법을 알아보았는데 우리나라 국적기보다는 중국의 동O항공이 23kg 2개까지 가능하여 이 항공편으로 예약하였습니다. 학교에서 지정해 준 날짜에 입국하면 차량으로 픽업하여 학교에서 지정한 한인촌(홍쳰루紅泉路) 호텔까지 데려다주었는데 그해 춘절 연휴가 하필 2월 중순이라서 입국 시기와 맞물려 항공권 예매가 매우 어려웠고 가까스로 찾은 항공권은 평상시에 비해 무척 비쌌습니다. 학교에서 편도 항공 비용을 지원해주었는데 항공비가 지원해주는 비용을 훌쩍 넘어섰지만 울며 겨자 먹기로 티켓을 예매할 수밖에 없었습니다.

도착 후 현지에서 초기 생활

정착하기까지 처리해야 할 일들이 많이 기다리고 있기 때문에 새로운 환경에서 생활하기는 역시 쉽지 않은 것 같습니다. 학교가 개학하기 전까지 처리해야 할 일들이 한가득 기다리고 있었는데 현지에서 생활할 때 필수적으로 가장 먼저 해야 할 일이 휴대폰 개설인 것 같습니다. 은행 계좌를 개설하려고 해도 휴대폰 번호가 필요하기 때문에 모든 일의 우선이 되는 것 같습니다. 같이 거주하는 친구의 도움으로 홍췐루에 있는 징O따샤(井O大厦) 근처에 휴대폰 개설하는 곳이 있고, 그 건물 안에 신O은행이 있어 편리하다는 것을 알게 되어 한 번에 두 가지 일을 빠르게 처리할 수 있었습니다. 확실히 한인촌이라서 직원들이 한국어 소통이 가능하여 중국어를 모르는 분들도 쉽게 일 처리를 할 수 있습니다. 그리고 언제부터인가 상하이한국국제학교에서는 기존 교사가 신임교사들이 잘 장착할 수 있도록 도와주는 1:1 멘토 멘티 제도를 마련하여 조금 수월하게 적응할 수 있게 되었습니다.

휴대폰 개설을 하고 가장 먼저 설치했던 것은 웨이O(微O)과 은행 앱이었습니다. 웨이O(微O)은 우리나라의 카O과 비슷한 앱으로 대화도 하고 쉽게 돈을 이체할 수도 있고 사진과 글 등 게시물을 올릴 수 있는 기능이 있을 뿐만 아니라 생활비를 지불할 수 있는 기능 등등을 갖추고 있어서 생활에 매우 편리했습니다. 중국은 한국에서 자주 사용하는 카O, 페O스북 등등 중국 앱 이외의 SNS를 모두 통제하여 사용하려면 VPN을 설치해야만 가능하기에 거의 웨이O(微O)

만 사용했습니다.

휴대폰과 은행 계좌를 개설하고 바로 다음으로 했던 일이 주숙등기(住缩登记)입니다. 중국은 법적으로 외국인이 입국했을 때 24시간 이내에 거주 신고를 해야 하는 주숙 등기 제도가 있습니다. 호텔에 머무를 경우는 자동으로 되지만 집을 구하여 생활할 경우는 직접 신청해야 하는데 신고 시 필요한 서류와 절차가 관할 공안국마다 조금씩 달랐습니다. 제가 살았던 운O시대(韵O时代)는 집주인 신분증 사본, 방산증, 집 계약서를 가지고 관리사무소에 가서 확인서를 받아 관할 공안국으로 가야 했는데 공무원의 점심시간이 12~2시라는 사실을 모르고 갔다가 30분 정도 기다렸습니다. 주숙 등기까지 마쳐야 개학 전 전 교사 출근일에 제출할 서류를 다 갖추게 되는데 전문가증과 거류증을 받으려면 한국에서 준비한 서류 이외에도 주숙 등기 서류가 필요하기 때문입니다. 초반에 정착하기까지 이 외에도 인터넷, TV, 정수기 설치 등등 해야 할 일이 많지만, 공동생활을 하게 된 저는 이미 갖추어져 있어 조금은 일을 덜 수 있었습니다.

3월에 어느 정도 정착을 하고 나서 친해진 학교 선생님 몇 명과 주말을 이용하여 와이탄(外滩)에 놀러 나갔습니다. 와이탄(外滩)은 상하이의 랜드마크인 동방명주를 바라볼 수 있는 곳이자 야경 명소로 상하이에 여행 온 사람이라면 반드시 가는 명소 중의 한 곳입니다. 난징동루(南京东路) 역에서 내리면 쉽게 갈 수 있기 때문에 지하철을 타고 가서 난징동루를 걸어 다니며 구경하고 어두워졌을 때 와이탄 쪽으로 가서 야경을 배경으로 사진을 찍고 다시 지하철을 타고 푸

동으로 건너가 찐O따샤(金O大厦)에 있는 BAR에서 칵테일을 마시며 야경을 즐기고 있자니 상하이에 여행 온 기분이 들었습니다. 10시 50분 정도 되었을까? 지하철을 타고 집에 돌아가려고 하는데 사람들이 매우 급히 뛰어가길래 왜 그런가 했더니 막차 시간이 다가와서 그랬나 봅니다. 저희도 그들을 따라 뛰어가서 지하철을 탔는데 환승하는 지점에서 지하철이 끊겨서 중간에 내려 택시를 타고 돌아왔습니다. 12시가 넘어도 지하철이 다니는 우리나라 시스템을 생각했다가 이런 에피소드를 남기게 되었습니다.

와이탄에서 바라본 야경

푸동에서 바라본 야경

중국은 우리나라와 달리 물건을 탁자에 두고 가거나 노트북 같은 것을 두고 잠깐 화장실을 다녀오는 일은 있을 수 없고 물건을 잃어버렸을 경우 거의 못 찾는다고 봐야 합니다. 중국의 이런 특수성을 잘 알고 있었기 때문에 매우 조심하였지만, 눈앞에서 물건을 잃어버리게 될 줄이야… 연휴 시작이라 기분 좋게 퇴근 차에서 내려 제과점에 가서 빵을 고른 후 지갑에서 돈을 꺼내려고 휴대폰을 잠시 내려놓고 빵을 산 후 집에 돌아왔는데 휴대폰이 보이지 않았습니다. 바로 제과점으로 달려가서 휴대폰 못 봤냐고 하니 못 봤다고 하길래 CCTV 확인하고 싶다고 말하자 잠깐 기다리라고 하더니 그 시간대 녹화본이 없다고 말했습니다. 그게 어떻게 가능하냐고 하니 본사로 녹화가 전송될 수도 있는데 연휴라 지금은 확인 불가하고 일주일 후 다시 오라고 하여 일단 경찰서에 가서 분실물 신고를 했습니다. 일주일 후 다시 찾아갔지만, 녹화는 전송되지 않았다고 하고 결국 휴대전화는 되찾을 수 없었습니다. 심증은 가지만 물증이 없는 상황… 다시 한번 물건을 잘 챙겨야 한다는 경각심을 갖게 된 계기가 되었습니다.

현지에서의 생활(생활 편, 학교 업무 편)

2015년 처음 상하이에 도착했을 때의 모습과 2019년 돌아올 때의 모습은 눈에 띄게 달라졌습니다. 그중 가장 몸으로 체감할 수 있었던 것이 바로 전자 시스템이었습니다. 처음 도착했을 때만 해도 현금이나 카드를 더 많이 사용하던 상하이가 어느새 웨이O(微O), 쯔O바오 등의 앱으로 QR코드를 스캔하여 결제하는 모바일 결제가 보편화 되어 현금을 들고 다닐 일이 거의 없어졌습니다. 일부 식당에서는 주문이나 결제도 모두 앉아서 QR코드를 스캔하여 해결했고 택시를 부르는 것부터 결제까지 앱으로 할 수 있었습니다. 심지어 전기세, 가스비 등 생활비조차도 앱으로 편리하게 지불할 수 있었습니다. 또한, 타오O(淘O) 외에도 다양한 인터넷 쇼핑몰도 많이 생겨났는데 저렴하고 괜찮은 물건들이 꽤 많아서 자주 이용했습니다. 2년 차쯤 되던 해에 같이 살던 분들과 헤어져 혼자 살게 되었는데 생활비 지불이나 물건 구매 및 배달을 온라인으로 매우 편리하게 활용하였습니다.

상하이에서의 생활이 한국에 돌아간 후 교직에서도 학생들에게 많은 이야기를 들려줄 수 있는 또 하나의 교재가 되기를 바랐습니다. 그래서 여행도 많이 다니고 상하이에서 할 수 있는 경험을 최대한 겪어 보고 싶었습니다.

상하이는 국제도시로 많은 외국인이 대회에 참가하기도 했는데 2017년도에는 저도 국제 마라톤 대회 10km에 신청하여 새벽에 일어나 지하철을 타고 집결지로 갔습니다. 와이탄에서부터 대한민국 임시정부 근처까지가 10km 구간이었는데 우거진 플라타너스를 감상하기도 하고 상하이 생활을 돌아보기도 하며 1시간여 걸려 도착했습니다. 해외에서 마라톤 대회에 참가한 경험은 특별했고 기억에도 많이 남았습니다. 또 상하이는 1년에 2번 정도 레스토랑 위크 주

국제 마라톤 대회

레스토랑 위크에 방문한 음식점

간이 있어 따O디엔핑(大O点评) 앱을 이용하여 예약한 후 인기 많고 비싼 음식을 조금 저렴한 가격에 먹을 수 있는데 마침 그 주간에 한국에서 손님이 와서 예약하여 동방명주가 보이는 식당에서 고급스러운 음식을 합리적인 가격에 먹을 수 있었습니다. 이런 경험은 현지에서 생활하지 않으면 잘 체험해 볼 수 없기에 손님들도 매우 만족해했던 기억이 납니다.

수업을 마치고 집에 돌아오면 여가시간이 주어지기 때문에 그 시간을 어떻게 보내면 좋을까 생각하다가 중국에서 배울 수 있는 문화

생활을 해 보고 싶은 생각이 들었습니다. 그래서 첫해에는 같이 사는 분들과 공필화(工笔画)를 배우기 시작했습니다. 중국인 선생님을 한 분 모셔서 다양한 직종의 5명과 시간을 정해서 그룹으로 배웠는데 처음에는 잘 모여서 원활히 진행되었지만, 직종이 다르다 보니 출장과 회사 일로 인해 날짜를 변경하는 일이 잦아져 결국 두 달 정도 배우고 끝까지 못하게 되었습니다.

이대로 문화생활은 끝나게 되는가 아쉬워하며 지내다가 서예학원을 알아보게 되었습니다. 중국도 사교육이 비싸다는 것을 체감하며 그림과 서예 수업 청강을 해 보았는데 그림보다는 서예 수업을 받는 것이 한국에 돌아가서 더 유용하겠다는 생각이 들어서 서예를

배우기로 하였습니다. 처음에는 해서(楷书)를 쓰는 것도 어려웠지만 행서(行书)까지 배우면서 재미를 더 붙이게 되었습니다. 학원에서 전시회를 열었는데 저에게도 작품을 같이 하나 했으면 좋겠다고 제안을 해 주셔서 마지막에는 전시회도 참여하게 되었습니다. 좀 더 빨리 서예를 배웠다면 더 다양한 서체를 배울 수 있었을 텐데 하는 아쉬운 마음도 들었지만, 성취감을 느낄 수 있었습니다.

평소 초등 선생님들과 교류할 일이 없지만, 상하이한국국제학교는 초등 및 중등이 함께 운영되는 학교로 초등 선생님과도 교류할 수 있는 점이 좋았습니다. 초등학교 선생님들은 전공과목 외에도 다양한 수업을 하셔서 그런지 특별한 능력을 갖추신 선생님들이 많았습니다. 교사 동아리가 운영되었는데 그때 한 초등 담임 선생님께서 우쿨렐레반을 열어 초등 선생님뿐 아니라 중등 선생님들도 동아리에 함께 참가하여 새로운 경험을 해 보게 되었습니다. 기초부터 배워서 그해 마지막에는 작은 연주회도 열어 곡 연주도 해 보고 너무 즐거운 경험을 할 수 있었습니다.

방학이나 국경절 연휴, 노동절 연휴 등을 이용하여 해외뿐 아니라 중국 내 여행을 많이 했습니다. 중국 내 여행을 할 때 가까운 지역은 기차도 많이 이용했는데 워낙 땅이 넓다 보니 국내선 비행기를 이용할 때도 종종 있습니다. 때로는 기차표보다 항공권이 더 저렴할 때도 있고 학교가 홍차오(虹桥) 공항과 가까워서 수업을 마치고 바로 여행을 떠날 때는 국내선 항공기를 이용한 것이 더 편리했습니다. 중국은 기차나 지하철을 탈 때도 검색대를 통과해야 하고 기차표에 신분증 번호가 기재되어 있어 기차역에 들어갈 때 신분증 검사도 하며 연휴에 유동 인구가 많아 혼잡하기 때문에 공항에 가거나 기차를 타러 갈 때는 최소 1시간 정도의 여유를 가지고 가는 것이 좋은데, 하루는 기차 타러 여유롭게 갔는데도 5분 전에 탑승하기도 해 진땀을 뺐던 경험도 있습니다. 또한, 중국은 지역마다 뚜렷한 특징이 있어 볼거리도 다양하고 여행하면서 배우게 되는 것도 참 많은데 상하이에서 근무하고 첫 여행지였던 계림은 잊을 수 없습니다. 다양한 종류의 기차를 직접 경험해 보겠다며 상하이에서 계림까지 18시간 걸리는 기차를 호기롭게 예약하였고, 물론 침대칸(臥鋪)으로 예약해서 기차 안에서 잠도 자고 앉아서 대화도 하고 간식도 먹고 했지만 역시 빨리 여행지에 도착하여 즐기는 여행이 최고라는 생각을 가지게 된 계기가 된 것 같습니다. 桂林山水甲天下(계림의 산수가 천하제일이다)라고 할 정도로 빼어난 경관을 자랑하는 계림 여행에서 빼놓지 않고 가는 곳이 있습니다. 중국 화폐

계림

신분증 번호가 적혀 있는 중국 기차표

어렵게 찾아간 싱핑

뒷면에는 다양한 관광지 도안이 있는데 그중 20원(元) 화폐에 그려져 있는 싱핑(兴坪)이라는 곳입니다. 계림에서 도착하여 다음 날에 가려고 숙소 근처 여행사와 계약을 했는데 여행의 후반부로 가도 싱핑을 가지 않자 중국인들이 항의하기 시작했고 가이드는 계약한 여행사에 환불을 요청하라고 하였습니다. 같은 버스, 같은 가이드였으나 알고 보니 각자 여행사마다 가격도 다르고 내용도 조금씩 달랐습니다. 어떻게 해야 하나 난처한 상황에서 한 중국인이 우리가 예약한 여행사와 전화 통화하는 것을 도와주어 반액을 환불받고 싱핑은 양삭(阳朔)으로 이동한 날에 개인적으로 버스를 타고 찾아갔습니다. 중국 내 많은 곳에 여행을 다녔지만, 에피소드가 많았던 계림 여행은 여러모로 저에게 가장 인상적인 곳입니다. 계림 외에도 중국은 유구한 역사와 넓은 영토를 보유한 국가여서 역사 탐방, 휴양을 위한 여행 등 테마를 정하여 여러 곳을 여행하였습니다.

중국어 수업은 일반적으로 공통 수업의 경우 학년당 5단위로 전 학년이 A~E반까지 수준별로 진행이 되며 선택 수업도 매우 다양합니다. 수준이 낮은 A반의 경우 원어민 선생님과 팀티칭 수업도 있고 한국인 교사의 수업 비중이 높은 반면 가장 수준이 높은 E반은 원어민 선생님 수업으로만 진행이 됩니다. 한국 교사의 경우 A에서 C 수준의 학생을 담당하는데 C반부터는 HSK 수업도 하고 아무리 수준이 낮은 반이라고 해도 한국에서 사용하는 교재와 달리 중국 내 출판사에서 출간하는 교재를 사용하여 수준이 높습니다. 또한, 원어민 선생님과 5단위를 나눠서 맡기 때문에 학년과 수준이 다른 5~7개 반을 담당할 수밖에 없어 처음에는 수업 준비 및 시험 출제 부담이 컸습니다.

학교 업무는 처음 2년은 중등 중국어부 기획, 후반 2년은 부장 업무를 담당했는데 중등 중국어부가 한국에서의 3학년부처럼 어떤 부분은 독립적으로 운영되고 한국인 정규 교사가 2명으로 선택 수업을 포함하여 약 50개 정도의 반을 운영해야 하는 부서이기 때문에 업무량이 적지 않은 편입니다. 이로 인해 담임 업무는 별도로 주어지지 않았고 원어민 교사 9명과 협조하며 부서의 업무를 총괄하고 진행하였습니다. 처음 상하이한국국제학교에 근무할 때 학기 시작부터 매우 바쁘게 업무를 처리해야 했는데 기획 업무 중 분반 작업뿐 아니라 교무에서 하는 NEIS에 편제하는 작업까지도 하고 있어 전교생 중국어 수업의 편제를 하느라 며칠 동안 야근해야 했습니다. 또한, 시험 범위 수합, 보강 수당, 교재 선정 및 수합 등 일반 업무를 담당하는 한국인 교사와 원어민 선생님의 의사소통 문제로 인해 일반 업무도 중국어부에서 개별적으로 진행하는 부분이 꽤 있었으며 중국어 신문 제작 지도, 전·편입생 분반 시험 출제 및 시험 진행, 중국어 경시대회, 중국어 프레젠테이션 대회, 축제, 각종 행사 통·번역 등등 다양한 업무를 맡았습니다. 교류 학교에 방문할 때 인솔 교사로 따라가기도 하였는데 낙양(洛阳)에 있는 학교에 갔을 때가 가장 기억에 남습니다. 겨울이었는데 상하이는 따뜻한 지역이라 눈이 잘 오지 않지만, 낙양에는 눈이 많이 내려 수북이 쌓여 있었고 평소 눈을 잘 볼 수 없던 우리 학생들은 어린아이처럼 신나서 눈싸움도 하고 광선칼만 한 고드름도 따서 주기도 하고 눈을 크게 뭉쳐

낙양 외고와 교류하는 모습

서 주기도 했습니다. 낙양 외고에 도착하니 많은 프로그램을 준비하여 선물 교환도 하고 교실에 들어가 인사하며 교류도 하고 준비한 공연도 보여주어 평소 쉽게 접하지 못했던 문화체험도 할 수 있었습니다. 그때 한류가 매우 유행하던 때였는데 마지막에 인사하고 돌아올 때 웨이O과 전화번호를 물어보고 사진을 찍는 모습이 마치 한국 학생들을 아이돌을 대하는 듯했습니다.

3년 동안 사물놀이 동아리를 담당하였는데 상하이한국국제학교를 대표하는 동아리로 교내 축제 공연에 참여하는 것 이외에도 외부 공연 및 대회, 교류 학교 방문 및 한인 행사 찬조 공연에도 인솔하였습니다. 귀가 차량 배차부터 지도까지 직접 해야 했기에 한국에서 난타부를 지도하는 것보다도 훨씬 힘들었지만, 상하이시 아동 병원 소아암 병동 후원 자선음악회에 초청되어 공연 봉사 활동을 하는 등 의미 있는 활동을 하여 뿌듯하였습니다.

상하이한국국제학교에서 근무하면서 가장 소중하고 뜻깊다고 느낀 활동은 '임정의 발자취를 찾아서'라는 독립운동가들의 발자취를 따라 걷는 행사였습니다. 첫해에 이 행사에 참여하며 신선한 충격을 받았는데 3년 차에는 통역 도움을 드리기 위해 역사 선생님과 진행 팀으로 참여하였습니다. 그때 함께한 역사 선생님께서 독립운동가들이 이 나라 독립을 위해 너무 바쁘게 살다 보니 가정을 돌보지 못해 자식들은 대마초에 빠지거나 건달이 되기도 했다는 말씀을 해 주셨습니다. 그 말씀을 들으며 '나라도 하지 못한 일을 하고자 앞장섰던 그들에게 자식을 잘못 가르쳤다고 누가 감히 돌을 던질 수 있겠는가?'라는 생각을 하며 나라를 위해 목숨을 바친 독립운동가에게 감사하는 마음으로 살지 못한 것에 깊이 반성했었습니다. 임정 로드는 상하이 곳곳에 그 흔적이 있지만, 대표적으로 신천지(新天地)에 있는 상하이 대한민국 임시정부와 윤봉길 의사 의거 현장이 남아있는 루쉰(魯迅) 공원의 매원(梅园)이 있습니다. 그 매원 앞에는 늘 같은 자리에서 물붓으로 한국 관광객들에게 '윤봉길 의사 영원히 기념'이라는 문구를 한국어로 적고 있는 한 중국 노인이 있습니다. 그분이 적는 한국어를 다 이해하고 계시는지 모르겠지만 상하이에 거주하는 한국인으로서 최소한 상하이 대한민국 임시정부와 매원만큼은 널리 알려 절대 잊히지 않도록 해야겠다는 사명감이 생겨 지인이 놀러오면 꼭 데려가는 장소가 되었습니다.

상하이 대한민국 임시정부 유적지

루쉰공원 내의 매원

귀국 후의 생활

귀국 후에 원래 근무하던 중학교로 복귀하였고 수업 준비나 시험 출제 부담은 줄었지만 5년 만에 3학년 담임을 맡게 되어 걱정이 한가득하였습니다. 다행히 좋은 분들이 주변에서 많이 도와주셔서 무탈하게 1년을 잘 견뎠고 수업 시간에도 상하이에서의 경험을 이야기해 주니 더 생동감 넘치는 수업을 진행할 수 있었습니다. 예산이 부족하여 모든 반과 만들지는 못했지만 마라샹궈(麻辣香锅) 만들어 보는 수업도 진행해 보았는데 어떤 TV 예능 프로그램에서 마라샹궈를 만들어 먹는 장면이 나와서 그런지 반응이 매우 좋았습니다.

상하이에서 고등학생을 가르쳐 본 경험으로 중학생보다 고등학생 가르치는 것에 더 재미를 느껴 고등학교로 전보 신청을 했습니다. 서울은 공립보다는 사립이 많고 중국어가 개설된 학교가 많지 않아서 고등학교로 전보 발령받기가 쉽지 않은데 신기하게도 고등학교 전보 발령 대상자로 선정되어 이듬해 북부에 있는 고등학교로 가게 되었습니다. 그런데 가자마자 코로나19가 발생하여 개학이 미뤄지게 되었고 온라인으로 수업을 진행하라는 지시가 내려와서 영상을 찍어야 했습니다. 다른 교과는 EBS에 수업이 올라와 있어 참고하거나 그 수업 영상을 이용하기도 했는데 중국어의 경우 참고할 영상 수업이 없어서 막막했지만, 상하이에서의 경험을 수업에 녹여 날을 새 가며 영상을 제작하였습니다. 만들 때 너무 힘들었지만 직접 영상을 제작하여 설명해 주니 이해하기 쉽고 좋았다는 학생들의 피드백을 받았고 북부 교육청 원격수업 사례 나눔 콘테스트에 우수 작으로 선정되어 작은 상품도 받아 보상을 받는 듯한 느낌이 들었습니다.

상하이에서의 경험은 저를 많이 성장시켰고 한국에서 부교재의 역할을 하고 있습니다. 부족하지만 이 글을 읽는 분께 작은 도움이 되길 바랍니다.

1인 5색

중국
천진한국국제학교

김 성 훈

現 수원 유신고등학교 중국어교사
前 중국 천진한국국제학교 국제교육부장

책으로만 경험했던 중국문화에서 현지인의 삶 속으로…

학교의 학생들이 회화는 유창한데 쓰기가 왜 안 될까?

가기 전 준비

먼저 부족한 저를 중국으로 보내주셔서 3년 동안 중국 현지 경험을 하고 돌아올 수 있도록 인도해주신 하나님께 모든 영광 올려드립니다. 저는 대학 시절 ROTC 학군장교를 지원하면서 중국어를 전공하였지만, 해외연수를 경험하지 못했습니다. 전역 후 2006년부터 지금까지 현 근무지인 유신고등학교에서 근무하며 중국에서의 현지 생활은 언젠가는 꼭 해보고 싶은 저의 소망이 되었습니다. 10년 동안 현재의 학교에서 근무하며 중국에 소재해있는 한국국제학교를 지원해야겠다는 마음을 먹고 2015년 네이버 카페 재외국민교육기관교사(https:// cafe.naver.com/kischool)에 올라온 채용공고와 면접 준비 등의 다양한 자료들로 정보를 얻을 수 있었습니다. 참고로 해외학교를 지원할 때는 소속 학교의 기관장 추천서가 필요합니다. 이에 평소 근평도 중요하니 해외학교를 준비하고 계시는 분들이 있다면 기관장의 추천서를 잘 받을 수 있도록 준비하시기를 권면합니다. 해외에서는 교사의 자질도 매우 중요하게 생각하기 때문에 모든 학교가 그렇지는 않지만, 학교의 관리자가 근무하는 학교에 유선으로 연락하여 해당 교사의 근무상태에 관해 물어보는 경우도 있다고 들었습니다.

업무포털의 공람을 보면 매년 해외 한국학교의 파견 관련 공문이 오게 되는데 몇 년 동안 줄곧 지켜본 결과 공문보다는 네이버 카페에서의 채용공고 소식이 더 빠르게 올라오는 것 같습니다. 이에 지원하려는 분이 있다면 재외국민교육기관교사 카페를 잘 활용하시면 도움이 될 것입니다.

> **TIP 해외학교 채용과 기타 정보**
>
> 아래 홈페이지에서 해외학교 채용과 관련된 기타 정보를 확인할 수 있습니다.
> 외교육기관포털(http://okep.moe.go.kr /root/index.do)

면접 준비 / 면접 진행

중국 학교의 경우 중국어 교과의 티오는 타 교과와는 달리 매우 적습니다. 원어민 교사나 현지 채용 교사로 티오가 채워지는 학교들도 있기에 저는 중국어 교사 공고가 나오기만을 기다리며 근무하고 있는 학교에서 최대한 많은 경험을 쌓으며 준비했습니다. '韜光养晦 (도광양회)'라고 하지요? 자신을 드러내지 않고 때를 기다리며 실력을 기른다는 말인데, 저는 막연히 기다리며 시간을 보내지 않고 기회가 왔을 때 이를 나의 것으로 만들기 위해 꾸준히 준비하였습니다. 임용 후 교육대학원에 진학하여 교육학 석사학위를 취득하였고, 학교에서 다양한 중국어 교과 활동들을 기획하여 운영했습니다. 대표적인 예로 교내에서 진행한 중국어 캠프, 학생들과 함께 떠나는 중국어학연수 활동, CPIK 원어민 교사와의 협동 수업, 국제국립교육원 수업 경연대회 참가(은상 수상), 경기도 교육청 제2외국어 으뜸 학교 선정(2012년), 2015 개정교육과정 교과서 집필, 한국교육개발원 생활중국어 방송강의 등 다양한 활동들을 통해 전공교사의 경력을 쌓아나갔고, 이러한 내용은 자기소개서에 학교를 위해 기여할 수 있는 교육방안에 모두 작성하였습니다. 특히 면접 준비 시에는 함께 근무하는 원어민 선생님의 도움을 받아 모의 면접을 시행하였는데 지원동기, 중국어 교육방안, 교육관, 자신의 장단점 등의 내용을 중국어로 준비하였습니다. 또한, 재외국민 교사 카페의 자료들을 활용하여 면접 시 질문할 수 있는 예상 문제들을 정리하여 집이나 차 등 혼자 있는 공간에서 묻고 답변하며 모의 연습을 하였습니다.

서류 접수는 해당 학교의 모집 공고란에 나와 있는 메일로 지원하였는데 중등 교감 선생님의 메일로 접수를 하였고, 메일을 잘 받았다고 답변까지 보내주셔서 지원자들을 위한 배려를 많이 해주는 학교라는 인식을 받을 수 있었습니다. 지원 후 서류 통과가 되어 최종면접 대상자가 되었다는 학교 측의 메일을 받고서는 정말 오랜만에 다시 한번 강하게 심장이 뛰는 것을 느낄 수 있었습니다. 면접은 서울의 한 중학교에서 시행되었습니다. 저는 면접 시간보다 1시간 정도 일찍 도착하여 대기실에서 기다리고 있었는데 어느 여성분이 간식과 차를 준비하고 계셨습니다. 저는 면접 도우미로 오신 분인 줄 알고 먼저 인사를 하고 옆에서 함께 일을 도왔습니다. 그분께서 감사하다고 무슨 과목을 지원하였냐고 물으시기에 중국어라고 답변을 드렸는데 알고 보니 그분은 현지 학교 유치원 원감님으로 3분의 면접관님 중 한 분이었습니다. 작은 부분이지만 이러한 것도 제가 합격하는 데 도움이 되지 않았나 생각하게 되었습니다. 중국어 면접은 3배수의 인원을 뽑아 3명의 선생님과 함께 면접을 보게 되었습니다. 면접관은 교장 선생님, 행정실장님, 유치원 원감님 이렇게 3분이 질문을 해주셨는데 지원한 이력서와 자기소개서를 바탕으로 몇 가지 질문을 해주셨던 것으로 기억합니다. 저의 경우 중국어 면접은 1번 선생님이 중국어로 이야기하면 2번 선생님이 면접관들에게 통역하여 전달하는 방식으로 진행되었는데 공통으로 받았던 중국어 질문은 '재외한국 학교에서 효율적인 중국어 교육을 하기 위한 방안'에 대해 자신의 견해를 말해보는 것이었습니다. 이에 저는 그동안 학교에서 활동한 사례들을 중국어로 소개하면서 중국에서의 학생들은 한국과는 달리 수준이 높을 것이기 때문에 HSK 시험지도와 관련된 내용을 지도하는 방법에 대해 중국어로 답변했습니다. 이외에 공통으로 질문받았던 내용은 '정규 교과 수업 이후 방과 후 수업에서 학생들을 지도할 수 있는 과목이 있는지', '특례입시에 대해서, 재외한국학교에서 근무하면 주말에도 출근할 수 있는데 가능한지' 등이었습니다. 저는 모든 대답에 있어서 면접관들과 아이컨택을 하면서 정말 잘할 수 있다, 간절하다는 모습을 보였고 대답은 모두 긍정적인 모습을 보일 수 있는 내용으로 답변했습니다. 그 결과 저는 2016년도 톈진한국국제학교 중등 중국어 교사에 최종 합격할 수 있었습니다. 면접 대상자 발표 및 최종합격은 모두 메일로 받게 되었습니다. 합격 이후에는 본교로 부임하겠다는 의사를 정확히 밝히고, 이후 학교에서 필요로 하는 행정적인 부분들을 준비하는데 많은 시간을 보냈습니다. 고용계약서, 학교 사랑방(소통하기 위한 공유방 카페) 가입, 비자발급 준비(여권, 여권 사진, 가족관계증명서, 신체검사서)가 대표적인 행정 자료들인데 이 자료들을 모두 구비하셔야 학교 측에서 초청장 발급을 신청할 수 있고 취업허가증을 발급받게 됩니다. 무범죄기록 확인서, 초청장에 필요한 양식지 작성, 신체검사들도 필요한 서류들이니 합격하시게 되면 바로 준비하셔야 할 겁니다. 대부분 영접팀 담당 선생님들이 공유방을 통해 친절히 소통해줄 것이라 믿기 때문에 큰 걱정은 하지 않으셔도 될 것 같습니다.

합격 후 출국 준비

저는 지원하기 전 아내와 이런저런 내용으로 상의하면서 아내의 직장에서도 동반휴직(최대 3년)이 가능하다는 것을 확인하고 이번 기회를 통해 전공적인 면에서 가정적인 것까지 많은 것들을 경험하고 돌아오고 싶었습니다. 자가 차량부터 거주하고 있는 집의 소유 문제, 집 안에 있는 전자 제품 등의 관리, 자녀교육 문제 등이 먼저 해결해야 할 과제들이었습니다. 우선 그동안 이용했던 자가 차량은 어머니께 드리는 것으로 결정하였고, 집 문제는 그 당시 전세로 생활하고 있어서 출국하는 날짜만 결정하면 큰 문제가 없었습니다. 합격 후 출국하게 된다면 3월부터 근무하기 때문에 대부분 2월 중순에는 현지로 들어가야 합니다. 저는 다행히 그 당시 계약한 집의 만기 날짜와 출국하는 날이 비슷하여 큰 어려움은 없었습니다. 가기 전 준비에 가장 많은 시간이 소요되었던 것은 바로 짐 정리였습니다. 해외로 처음 나갔던 상황이라 현지에 가서 필요한 물건들이 없으면 불편하게 지낼 것 같은 불안한 마음에 현지에서 입어야 할 옷, 학교 수업 시 사용할 교재, 이불, 전기장판, 여성용품, 상비약, 심지어 다리미와 그릇들까지 모두 박스에 넣어 배로 부치게 되었습니다. 짐을 보내게 된다면 보통 출국하기 1~2주 전까지 현지로 보낼 짐들을 박스에 넣어 담당 회사 물류창고로 보내었는데 그 당시 박스당 가격이 65,000원이던 것으로 기억합니다. 저는 모두 13개의 박스를 보냈는데 대략 90만 원 정도를 지불하게 되었습니다. 아내 말로는 다음에 또 한 번 해외로 나갈 기회가 생긴다면 그때는 기내로 들고 갈 캐리어만 들고 갈 거라고 합니다. 웬만한 물건은 현지에서도 충분히 구매가 가능하거든요. 그 당시 제가 이용한 물류 회사에서는 박스 당 무게는 상관하지 않았습니다. 이에 최대한 부피를 적게 만들려고 진공 팩에 넣어 각종 물건을 나름 분류하여 박스에 넣었습니다. 이 부분도 매우 중요했던 것 같습니다. 박스 윗면에는 A4용지로 무슨 물건이 들어있는지 매직으로 적었는데 짐 정리를 하면서 나름 도움이 되었던 것 같습니다.

참고로 면접 이후 여러분이 지원한 학교에 합격하게 된다면 해당학교의 영접팀에서 카OO톡이나 웨O신(저는 중국이었기 때문에 현지에서 가장 많이 사용되는 메신저가 웨O신이었습니다)으로 합격한 신규 선생님을 초대하여 짐을 보낼 방법부터 택배회사, 현지로 오기 전 준비해야 할 점, 특히 현지에서 생활할 주거지 등의 다양한 정보들을 친절히 안내해 주실 겁니다. 이에 너무 큰 걱정은 하지 않으셔도 됩니다. 참고로 제가 근무한 당시 톈진한국국제학교의 상조회는 매우 세심하게 신임 선생님들을 배려하여 준비과정에서부터 현지 도착까지 정말 따뜻하게 많은 도움을 받을 수 있었습니다. 박스 포장 후 보낸 짐들은 대부분 현지 도착 후 1달 정도 후에 가정으로 도착하게 될 것입니다. 이에 현지에 가서 바로 사용해야 하는 물건들은 배로 보내지 마시고 비행기를 탈 때 화물칸으로 보내시는 것이 좋을 것 같습니다. 제가 이용했던 항공사에서는 이민용 가방이 개인당 2개(제가 이용한 항공사는 1인당 23kg으로 제한)까지 허용했고, 기내용 캐리어도 개인당 1개씩 가능했습니다. 이 부분은 항공사마다 기준이 각각 다르기에 항공권을 예매하실 때 꼼꼼히 확인하실 것을 당부드립니다.)

아울러 출국 전 학교의 요청에 따라 공증이라는 것도 미리 하여야 합니다. 제가 생활한 중국은 비자를 발급받아야만 하는 국가로 합격 후 선생님들은 Z비자(취업비자)를 얻게 되실 겁니다. 이에 필요한 기본 증명 자료들은 공증을 받으셔야 하는데 저는 인터넷에서 가장 빠르고 저렴한 비용으로 공증받을 수 있는 곳을 선택하여 진행했습니다(아울러 증명사진도 여유 있게 준비해 가세요).

그리고 자녀가 있는 경우 일반 교과서들은 대부분 학교에서 준비하고 있겠지만 외국어 관련 교재들은 국내에서 구매 후 들고 가야 하는 경우도 있습니다. 물론 중국에서는 아직 제본하는 것이 우리나라보다 엄격하지 않기 때문에 행여나 교재를 구매하지 못한 경우 현지에서 해결할 방법이 있으니 이 부분도 크게 걱정하지 않으셔도 될 것 같습니다.

도착 후 현지에서 초기 생활

가족이 함께 외국에서 생활하는 경험은 이번이 처음이었습니다. 출국일 이른 새벽 캐리어를 끌고 가족과 함께 인천공항으로 가는 그 시간이 아직도 잊히지 않습니다. 인천공항에서 톈진 공항으로 가는 그 과정이 얼마나 설레고 긴장되었는지요. 다행히 저는 중국어를 전공하여 비행기에서부터 입국심사까지 어느 정도는 중국어를 사용할 수 있어서 큰 문제 없이 통과할 수 있었습니다. 일반 과목 선생님들의 경험담으로는 그때가 매우 긴장되었다고 하시더군요. 다행히 공항 입구에서는 신임교사를 맞이해준 영접팀이 있었는데 학교에서 제공해준 버스를 타고 이민 가방과 캐리어들을 모두 실어 학교로 이동하게 되었습니다. 학교에는 신임 선생님들을 맞이하기 위해 교장, 교감 선생님, 그리고 일부 선생님들이 저희를 기다리고 있었고, 톈진 한인교회의 성도님들이 저녁 식사를 제공해주셨습니다. 그뿐만 아니라 초기 생활에 필요한 물품들까지도 무료로 제공해주셨는데 지나고 보면 참으로 따뜻한 마음으로 새로 오신 분들에게 선한 영향력을 보였다는 생각이 듭니다. 그렇게 식사와 물품을 받고서 영접팀의 도움으로 계약한 집으로 이동하게 되었습니다. 보통 학교의 선생님들을 대상으로 공인중개소를 운영하시는 분들이 있는데 제가 근무한 학교의 경우 한국어를 할 수 있는 현지 분이 필요하여 조선족 사장님이 담당해주었습니다. 집으로 가서 사장님의 전달 사항을 듣는데 생소한 부분이 너무 많았습니다. 대표적인 예가 바로 물과 전기를 충전해서 사용하는 것인데요, 중국은 한국과 달리 선불제로 되어있어서 집에서 사용하는 물과 전기는 선충전 후 사용하는 제도로 되어있습니다. 지금은 4차산업의 발달로 직접 충전하는 장소로 갈 필요 없이 핸드폰 하나로도 충전을 할 수 있습니다. 하지만 처음 현지에 도착하면 핸드폰 개설부터, 은행 계좌 연결, ㅈOO오나웨O신 등 현지에서 사용하는 앱들을 미리 사용할 수 없기 때문에 처음에는 원시적이지만 해당 장소로 직접 가서 물과 전기를 충전해야 할 겁니다. 전기와 물의 충전 금액이 모자라면 **10위안**(한국 돈 1,800원 정도?) 정도 남겨두고 전기가 끊기거나 물이 끊기는 일들이 생기게 되는데 충분히 충전하여 사용하실 것을 당부드리는 바입니다. 아울러 중국에서 매우 유용하게 사용되는 앱 2개를 소개해드리도록 할게요. 우리나라에서는 카OO톡을 국민 메신저로 사용하고 있는데 중국에서는 웨O신이라는 'wechat' 앱을 사용합니다. 이 앱은 미리 다운로드하여 회원가입까지 마치고 가시기 바랍니다. 중국에 가서 생활적으로 가장 편리하게 지내려면 핸드폰 개설과 중국의 은행 계좌 개설이 이루어져야 하는데, 저는 리O통이라고 하는 중국의 대표적인 차이나유니콤 통신사를 이용했습니다. 예전 실명제가 도입되기 전에는 돈만 있으면 편리하게 핸드폰 번호를 구매 후 개통할 수 있었지만, 지금은 우리나라와 같이 신분증인 여권을 통해 개통해야 합니다. 은행은 최초 급여용 계좌는 톈진에 있는 우리은행 체크카드(학교에서 일괄 신청)를 신청했는데 이 급여계좌를 핸드폰과 연동하여 사용했습니다. 참고로 신용카드 발급은 절차가 매우 까다롭기에 신규 발급이 제한되실 겁니다. 저는 중국문화를 배운다는 명분으로 중국 생활에 적응 후 중국의 여러 은행 체크카드를 만들었습니다(중국어 듣기연습을 하려는 목적이 컸습니다). 대표적으로 중국은행, 중국공상은행, 중국건설은행, 농협은행, 톈진은행의 체크카드를 발급한 것으로 기억합니다. 아울러 가정에서 사용할 인터넷도 신청해야 하는데요, 대부분 핸드폰 통신사와 연동하여 세트로 저렴하게 신청할 수도 있으니 인터넷 자료로 이것저것 살펴보시고 신청하시면 좋을 것 같습니다. 참고로 저는 한 달에 99위안짜리 1년 약정으로 신청 후 사용했는데요, IPTV와 인터넷, 핸드폰 비용까지 모두 포함된 것으로 매우 유용하게 사용했습니다.

현지에서의 생활(생활 편. 학교 업무 편)

해외에서 생활하며 느끼는 가장 큰 특징은 바로 돈독한 가정이 되었다는 것입니다. 한국에서는 서로 맞벌이를 하며 자녀를 양육하였고, 주말의 경우 대부분 집에서 쉬거나 근처의 교외로 나들이를 나가는 정도가 대부분이었지만, 중국에서의 삶은 180도 바뀌었습니다. 학교에서의 일과를 제외하고는 무엇이든지 항상 가족과 함께 생활하는 삶이 되었습니다. 심지어 매일 자녀와 함께 하는 등굣길은 잊을 수 없는 소중한 추억 중 하나입니다. 지나고 보면 현재까지의 저의 삶 중에서 가족이 함께 가장 즐겁고 행복하게 지냈던 때는 바로 중국에서 보냈던 시간이 아니었나 생각해 보게 되었습니다. 참고로 중국에서 운전하려면 국제면허증이 아닌 중국의 운전면허증을 별도로 취득해야 하는데(참고로 저는 다양한 경험을 해보는 목적으로 취득하였습니다만 운전은 한 경험이 없음) 대부분 차량을 렌트하거나 구매하는 데 비용이 많이 들어 현지 교사들은 대부분 **电动车**(띠엔동)이라는 전기 오토바이를 중고나 새것으로 구매 후 이용합니다. 저는 배터리 용량이 60볼트짜리인 띠엔동을 구매하여 이용하였는데 가까운 거리를 다닐 때는 택시나 버스를 타지 않고 아내와 딸을 안장 앞과 뒤에 태워 다녔습니다. 외국에서 생활하는 자유로움은 이루 말로 표현할 수 없었습니다. 저희는 주말이면 톈진의 일대를 돌아다니며 많은 구경을 하였습니다. 가까운 대형마트에서부터 톈진역, 톈진 아이, 고문화 거리, 이탈리아 거리, 우다다오, 방송탑, 해방교, 수상공원 등 톈진에도 볼거리가 매우 많습니다. 특히 가족이 함께 이탈리아 거리의 관광버스를 타고 화려한 야경을 볼 때는 고생해서 나온 보람을 다시한번 느낄 수 있었습니다. 방학 기간에는 중국의 많은 도시를 여행하는 계획을 세워 여름에는 광저우에서부터 시작하여 홍콩, 마카오, 서안을, 겨울에는 상하이와 소주, 항주, 남경의 도시를 돌아다니고왔습니다. 중국은 노동절과 국경절 등 3일에서 7일 정도의 연휴들이 있어서 이 기간을 잘 활용하면 즐겁게 여행하실 수 있을 겁니다. 저는 하문과 허베이, 황산 등 최대한 중국의 많은 도시를 보고 싶은생각이 있어서 다양한 곳을 보고 온 것이 지금 와서 매우 잘한 선택이라 생각하고 있습니다.

해외 생활을 해보면 대부분 느끼겠지만 교민사회가 매우 잘 형성되어 있다는 것을 느낄 수 있을 겁니다. 학교는 기지 역할을 하는 곳이기에 교민사회에서 진행하는 각종 행사의 장소를 제공하는 역할을 하기도 합니다. 생활에 대한 부분은 이 정도로 말하고 이제부터는 가장 중요한 학교 업무에 대해 말씀드리도록 하겠습니다. 특히중국어 교과를 지원하시는 선생님들에게는 도움이 되지 않을까 생각해 봅니다. 저는 국제교육부장의 업무를 맡았습니다. 지금은 영어과와 중국어과를 분리하여 운영하고 있다고 들었습니다만 제가 근무할 때만 해도 국제교육부장은 영어과와 중국어과의 모든 업무를담당하는 직책이었습니다. 원어민 교사만 해도 영어과 5명, 중국어과 5명으로 10명이었고, 한국인 선생님만 해도 중국어과는 저를 포함하여 3분의 선생님이 함께 근무했습니다. 왜 이렇게 많은 선생님이 근무하는지 궁금하실 수 있을 텐데요, 외국어 수업은 모든 학년이 수준별로 나누어 진행하기 때문입니다. 톈진은 학년별로 어법과 회화 수업으로 교육과정이 편성되었고 레벨은 학년별 4개의 레벨로 나누어 진행했습니다. 학기 초 중1부터 고3까지 모두 레벨 테스트를 한 후 수업했기 때문에 전체 수업은 48개의 수업으로 이루어졌습니다. A(초급)부터 D(고급)까지의 수업 중에서 어법 및 회화반의 C, D반은 대부분 원어민 선생님이 담당하였고, 한국인 선생님은 A, B반을 담당했습니다. 하지만 B반이라고 해도 고3의 경우 HSK 5급 수업을 진행해야 했기 때문에 수업 준비에 많은 시간이 필요했습니다. 그만큼 저 자신에게도 전공 부분에서 많은 도약의 시간이 될 수 있었습니다. 아이들이 오랜 시간 중국에서 생활하여 회화는 정말 유창하게 하는데 의외로 어법과 쓰기에는 취약한 점이 보이더라고요. 한 가지 마음의 준비를 하고 가셔야 하는 것은 중국에서는 한국과는 달리 중1부터 고3까지 모두 6개 학년의 수업을 담당해야 합니다. 수업 준비는 물론 평가에서도 총 6세트의 시험문제를 준비해야 하는데, 저는 적응하는데 한 학기 정도 걸렸던 것 같습니다. 하지만 사람이라는 것이 참 무서운 것이 금방 적응이 되더군요. 2년 차가 되었을 때는 여유 있게 수업 준비와 평가를 병행할 수 있었습니다. 아무래도 가장 많은 시간이 소요되었던 것은 생활기록부 과세특 기록이었습니다. 한국어 작성은 큰 문제가 없었지만, 생기부에 작성되는 글자는 모두 한글 작성을 원칙으로 하고 있기에 원어민 선생님이 작성한 중국어 문장들을 모두 한글로 번역하여 작성하도록 하는 것이 가장 힘든 과제 중 하나였습니다. 지금은 시스템이 어떻게 변했는지 잘 모르겠지만 여러분이 중국어 교사로 지원하여 현지 학교로 간다면 이러한 정보들을 바탕으로 미리 마음의 준비는 하고 가시는 것이 좋을 것 같습니다. 한 가지 팁을 드리면 저는 중국의 다른 지역의 학교에서 근무하는 선생님들과 교류하면서 지내는 것을 추천합니다. 특히 부장으로 근무할 경우 학교장에게 외국어 교육과정에 대한 부분이나 교재 선정 등 직접 상의하며 결정해야 하는 경우가 많이 발생하거든요. 참고로 저는 상하이 한국학교에서 중국어 부장으로 근무했던 서슬기 선생님의 도움을 참 많이 받았습니다. 학교의 교육과정이나 교과서 선정, 과세특 기록의 실제 및 해당 학교의 특색사업 등의 정보들을 서로 주고받으며 교류하였는데 연락처를 모르는 경우 해당 학교의 유선 전화로 확인하거나 타 교과 선생님들에게 도움을 구하면 쉽게 연락처를 얻을 수 있을 겁니다. 여러 재외한국학교를 경험하는 선생님들도 많으시거든요. 저는 상하이 이외에도 베이징에서 중국어 부장으로 근무하는 선생님과도 연락하여 많은 질문을 하며 도움을 받을 수 있었습니다. 앞에서도 말씀드렸듯 이번 중국에서의 시간은 생애 처음으로 갖는 중국 생활이라 저는 귀국했을 때 학생들에게 다양한 경험을 말해주고 싶었습니다. 이에 매사에 호기심을 갖고 주변에서 만나는 모든 중국인이 저의 친구이자 선생님이라 생각했습니다. 매주 교회에 엔지니어로 와서 일하는 중국인 친구인 왕펑은 제게 현지 중국인의 삶을 가장 깊이 있게 알려 주는 선생님이었으며, 아파트의 경비 아저씨는 저의 둘도 없는 중국어 과외 선생님이었습니다. 또한, 띠엔동 수리를 하러 갈 때면 사장님부터 대기하는 사람들까지 모두가 저의 귀한 중국어 선생님이라 생각하며 이들의 대화를 최대한 듣고 이해하는 것이 저의 또 다른 목표였습니다. 중국어는 표준어라고 하는 보통화 이외에도 각 지역에서 사용하는 방언들이 있는데 이러한 방언을 듣고 배우는 것도 좋은 경험이라 생각했거든요. 이러한 귀한 경험을 바탕으로 저는 그 누구보다 중국이라는 나라에 빠르게 적응하며 생활할 수 있었습니다. 저는 입국할 때부터 목적이 중국어와 중국문화였기에 일과 이후에는 가족을 제외하고는 거의 중국인들과 소통하며 지냈던 것 같습니다. 그렇기에 외국에서의 시간이 외롭거나 힘들었다고 느낀 적은 없었던 것 같습니다. 학교의 일들로 스트레스를 받거나 공허함을 느낄 때면 퇴근 후 홀로 띠엔동을 타고 드라이브를 하며 저만의 스트레스를 풀 수 있었습니다. 30분 정도만 나가면 톈진 시내 거리가 나왔는데 톈진역을 한 바퀴 돌고 하이허(海河)강으로 나가 현란한 고층 건물들의 야경을 보았고, 거대한

海河 주변의 야경 모습

도심 한가운데 위치한 天津之眼

헝룽광장(恒隆广场) 쇼핑몰에 들어가 눈으로 이것저것을 살펴보고 커피숍에 들어가 아메리카노 커피를 마시던 때가 기억이 납니다. 밤에 보는 톈진의 모습은 정말 너무 아름다웠습니다.

　해외에서 근무하게 되면 자신이 생각하고 있는 교육 역량을 마음껏 펼칠 기회의 장이 된다고 생각합니다. 저는 이 중 하나의 계획으로 학생과 학부모, 교사들이 학교 안에서 HSK 시험을 치를 수 있도록 고사장을 설치하고 싶은 마음이 생겼습니다. HSKK는 인터넷으로 치르는 중국어 공인어학시험으로 베이징에 중국 공자학원 본부가 있습니다. 중국 원어민 선생님(정경순, 적희령)의 도움을 받아 그곳의 연락처를 웨O신으로 받았고 담당자와 오랜 시간 소통하며 협의한 결과 2017년 톈진한국국제학교 시험장 설치를 할 수 있게 되었으며, 감독관으로 함께 할 중국어 선생님들에게는 감독관 자격증을 취득할 수 있도록 하여 전문성을 키울 수 있었습니다. 그 당시 학교장이셨던 강성봉 교장 선생님과 이종학 교감 선생님께서 매우 긍정적으로 생각해 주시면서 관리자들의 전폭적인 지원을 받으며 성공적으로 공식시험장을 만들 수 있게 되었습니다. 이에 학생, 학부모, 교사들에게 편리함을 제공할 수 있었다고 생각합니다. 그뿐만 아니라 학교 근처에는 북방 무술의 고수인 곽원갑 무술학교가 있습니다. 저는 무도에도 관심이 많아 이번 기회를 통해 태극권을 배워보고 싶었습니다. 이에 학교를 직접 찾아가 교사들을 대상으로 태극권 수업 강좌를 개설하고 싶다고 요청하였고, 한중 문화교류에도 좋은 시너지 효과가 생길 수 있을 것 같다고 하여 태극권 전문코치 선생님이 학교로 와서 태극권 강좌를 개설할 수 있게 되었습니다. 너무 감사한 것이 저는 중국어 교사로 제 역량을 마음껏 펼쳐보겠다는 취지로 시작한 활동들이었지만 학교의 관리자들께서 이러한 공로를 높이 평가해주시면서 저는 2018년도 교육부 장관 표창을 받을 수 있게 되었습니다. 이 시간을 통해 제가 전공적으로 많은 역량을 펼칠 수 있도록 도움을 주신 정경순, 적희령 선생님께 깊은 감사의 말씀을 드리고 싶습니다.

귀국 후의 생활

마음 같아서는 5년 동안 중국에서 생활하고 싶었지만, 아내의 동반휴직이 최장 3년밖에 허락되지 않아 저는 2019년 2월 국내로 돌아왔습니다. 국내로 돌아온 후 가장 버거웠던 것은 바로 사학연금에 대한 부분이었습니다. 저는 사립학교의 교사로 사학 공단에 연금을 내고 있는데 지난 3년 동안 밀린 연금을 국내로 돌아와 매월 급여에서 2회분을 내는 것으로 하였습니다. 대략 한 달에 50~60만 원 정도였는데 한 달에 2달 치를 내야 해서 3년 동안은 거의 100~110만 원의 사학연금이 공단으로 들어가게 되었습니다.

국내로 들어오기 6개월 전부터 생활해야 할 집을 알아보는 데도 많은 시간이 걸렸습니다. 다시 맞벌이로 생활해야 하는 상황이라 자녀가 혼자 초중고를 다닐 수 있는 아파트를 찾아야만 했고, 차량 구매에서부터 다시 처음부터 시작해야 한다는 생각에 조금은 버거운 마음이 들었습니다. 하지만 지난 3년 동안 자신의 발전이 있었고, 화목한 가정을 이루는데 많은 추억을 만들 수 있었으며, 전공 분야에서도 쉽게 얻을 수 없는 현지 생활의 경험을 해보고 돌아올 수 있어서 현재 학교에서 학생들을 지도할 때 생동감 있게 중국의 실생활을 안내해 줄 수 있어서 매우 행복하게 생각하고 있습니다. 저는 인연을 매우 중요하게 생각하는데요, 중국에서 저와 돈독한 관계를 맺고 지낸 두 분의 원어민 선생님과 지금까지도 편하게 연락하고 지내고 있으며, 최근에는 두 분의 선생님과 협력하여 신 HSK 4, 5급을 위한 실용 중국어 회화 교재도 편찬하였습니다. 결론적으로 저는 지난 3년 동안의 생활 속에서 잃은 것은 하나도 없고 정말 많은 것을 얻고 돌아왔다고 생각하며 기회가 된다면 다시 한번 도전하여 중국의 학교에서 생활하고 싶은 소망이 있습니다.

곽원갑 무술학교에서

진식태극권 18식 동작 과정을 이수하며

1 인 6 색

베트남
하노이한국국제학교

김 기 윤

現 교육부 교육연구사
前 베트남 하노이한국국제학교 학생복지부 근무

묻지도 따지지도 않고 생각 없이 살다 해외까지 와버렸습니다.

동남아 순회공연을 마치고 돌아온 가수 겸 교육연구사 김기윤의 이야기

가기 전 준비

저는 현재 교육부 교육연구사로 근무하고 있는 김기윤입니다. 부캐(부캐릭터)로는 가수 '목요커'로 활동하고 있습니다.

저는 2019~2020학년도 2년 동안 베트남 하노이한국국제학교에서 중등 수학교사로 재직한 경험을 여러분들에게 들려드릴까 합니다.

2014년 대구교육청 수학교사로 임용되어 2017년까지 레드벨벳 아이린이 졸업한 운암중학교에서 근무했습니다. 한눈팔기가 취미인지라 문서등록 대장에 접수되는 공문들을 자주 봤고 이때 재외한국학교를 처음으로 알게 되었습니다.

경력 3년을 채우자마자 재외한국학교에 지원해봅니다. 결과는 광탈. 그다음 해 두 번째 지원도 광탈. 뭐 경력이 적으니 그만큼 스펙도 없겠죠. 그래도 '10년 안에는 가겠지'라는 생각으로 매년 도전하기로 마음먹었습니다. 세 번째 도전. 2019학년도 교사 모집 공고를 봤을 때 하노이 수학 TO가 4명이었습니다. 베트남 한인사회 인프라가 생활하기에 괜찮다고 해서 여러 나라 중 베트남을 선택했습니다. 베트남에 있는 한국국제학교는 하노이와 호찌민이 있습니다. 저는 수도에 살아보고 싶어서 하노이를 선택했습니다만, 알고 보니 하노이는 정치·문화 수도, 호찌민은 경제 수도이더라구요. 다시 한번 베트남 재외한국학교에서 근무한다면 하노이에서는 근무해봤으니 호찌민을 선택하겠지만, 조용하고 고즈넉한 여유를 좋아하신다면 하노이가 매우 매력적입니다!

합격 당시의 스펙도 궁금하시겠죠?

- 집필 활동 : 없음
- 학력 : 석사 졸업
- 교육경력 : 5년
- 어학성적 : 없음
- 수상 : 교육부장관상
- 가족 : 당시 제 나이 32세, 배우자 및 딸 4세(만2세) 동반

면접 준비 / 면접 진행

당시, 하노이한국국제학교 수학교사 선발에는 다른 과목과 달리 지필 시험도 있었습니다. 많은 학년을 걸쳐서 수업해야 하는 일이

빈번하다 보니 중·고등학생 모두 지도할 수 있는 교사가 필요해서 이런 지필 시험을 마련했나 봅니다. 학교 내신 시험문제인지, 대학 전공 수학 문제인지 궁금하시죠? 고등학교 수능형 문제가 나왔습니다. 시험 준비는 수능 기출문제 3개년 정도 풀었습니다. 필기시험에 30명 정도 있었던 것 같은데 수학교사 TO가 4명이니 그럼 당시 경쟁률은 대략 8:1 정도라고 할 수 있겠네요.

면접 때는 과목별로 4~5명씩 한 조를 이루어 면접장으로 들어갔습니다. 면접관은 4명으로 기억하는데, 학교장, 이사장 등 내부 면접관과 시도교육청 장학관 등 외부 면접관이었습니다.

면접 문항은 공통문항과 개별 문항으로 구성되어 있습니다. 공통문항에 대해 한 명씩 순서대로 답변하고 다음 공통문항으로 넘어갔습니다. 몇 개의 공통문항 후에는 자기소개서 등을 기반으로 개별 문항 질문이 있었습니다.

제가 속한 면접 조는 5명으로 기억하는데 특히 두 선생님 때문에 많이 쫄았습니다. 한 분은 2년 전 하노이한국국제학교에서 근무하신 선생님, 한 분은 최근까지 호찌민한국국제학교에서 8년 근무하신 선생님. 웬만하면 긴장하지 않는 저도 두 선생님의 스펙이 너무나 강력하여 긴장이 조금 되었습니다.

저희 조에서 나왔던 문제는 다음과 같습니다.

① 선생님을 뽑아야 하는 이유는?
② 동반 가족, 건강상태는?

③ 울프럼알파(wolfram alpha)와 관련하여 수학 학습의 필요성은?

④ 왜 하노이를 선택했는가?

⑤ 선생님의 열정이 하노이 학교에 어떻게 적용 가능한가?

저의 답변을 구체적으로 공개하면, 이 글을 읽으시는 분들이 모두 불리해질 수 있으니 공개하지 않겠습니다. 다만, ②번과 ⑤번 질문의 답변 요지를 다루어보겠습니다.

②번 질문 의도는 무엇일까요? 재외한국학교는 기간제교사, 강사를 구하기가 매우 어렵습니다. 사실상 불가능하다고 봐야겠지요. 그래서 더더욱 동반 가족의 형태와 건강상태가 중요합니다. 저는 아이가 어리지만, 아내의 직업이 간호사라 기본 응급치료가 가능하다는 장점을 피력했습니다.

⑤번 질문은 저에게 오아시스였습니다. 저는 학생 동아리 활동에 최대 강점이 있는데 이를 자기소개서에 비중 있게 작성했음에도 불구하고 관련 질문이 나오지 않아 애가 타고 있었습니다. 마지막 개별 질문 시 교장 선생님께서 이 질문을 저에게 하셨고 저는 이때다 싶어서 준비했던 멘트를 했…었어야 했는데 다음과 같이 말하고 말았습니다.

'저는 학교를 놀자판으로 만들겠습니다'

면접장에는 정적이 흘렀고, 뭔가 잘못된 것을 느낀 저는 '위기를 기회로'라는 생각으로 제 말실수가 면접관들의 관심을 끌기에 충분했다고 여기며 제가 준비한 저의 장점으로 아름답게 답변을 마무리했습니다.

면접을 보고 나서는 '아 망했다'라고 생각하고 아쉬운 마음을 뒤로하며 본래의 생활로 돌아옵니다. 그리고 며칠 뒤 야간 대학원 수업 중 스마트폰으로 메일 알림이 옵니다. 야호, 합격입니다.

저를 선발한 교장 선생님께서는 술자리 때마다 '김기윤 선생님은 면접 때 뒤집었어~'라고 하십니다. 그만큼 서류가 형편없었던 걸까요 하하. 교장 선생님께서는 저의 배짱이 좋았다고 평가하셨습니다. 다만, 무조건 통하는 방법은 아니니 유의하세요!

스펙이 대단한 사람들도 분명 많겠지만, 해외에 있는 한국학교도 한국교육과정으로, 한국교과서로, 한국어로, 한국 학생들을 가르치는 국내에 있는 학교와 같습니다. 연예인 같은 교사만 뽑으면 학교가 제대로 운영이 될까요? 제가 교사 선발권이 있는 교장 선생님 또는 이사장님이라고 생각을 한다면, 생활지도, 수업지도 등 기본에 충실한 교사를 우선으로 선발할 것 같습니다. 뭐 선발 인원이 많다면 1~2명 정도는 독특한 사람도 뽑아보고요.

합격 후 출국 준비

항공편 예매를 먼저 해야겠지요? 여권이 없으시면 여권도 만드

셔야 하고요. 인터넷 검색, 카페, 블로그 등을 통해 현지 생활 소식을 접하다 보면 친목회장님과 행정실 주관으로 합격자 단톡방이 만들어졌습니다. 거기서 비자발급, 장기여행자 보험 등 초기에 필요한 과정들을 안내해 주십니다. 단톡방에서 동기분들과 서로 정보를 나누시면서 차근차근히 준비하시면 크게 문제없을 겁니다.

베트남 생활 정보를 얻을 수 있는 대표적인 네이버 카페는 다음과 같습니다.

① 재외국민교육기관교사(https://cafe.naver.com/kischool)
   – 제가 쓴 글들이 도움이 되리라 생각됩니다.(닉네임 : 갈루아이자식)
② 베트남 그리기(https://cafe.naver.com/vietnamsketch)
③ 베트남 맘 모여라(https://cafe.naver.com/chaoba)

⊘ 짐 정리

당시 우리 가족은 전세살이를 하고 있어서 가구와 가전을 정리해 주고 가야 하는 상황이라 정말 고민이 많이 되더군요. 처가의 가구와 가전이 오래되어 우리 것을 가져가셨고 감사하게도 나중에 귀국 시 새것을 사주셨습니다. 동기 선생님 중 어떤 분은 본인의 집을 전세로 주고 가구를 옵션으로 사용하게 하셨고, 어떤 분은 전세를 주되 한 방은 창고처럼 사용하여 가구, 가전, 짐을 두셨고, 전문 업체에 보관을 맡기신 분도 계셨습니다.

해외로 가져갈 짐은 대부분 해운으로 이동됩니다. 업체는 합격자 단톡방에서 소개될 겁니다. 해운 이사는 베트남 기준 4~6주 등 시간이 상당히 소요되므로 현지 도착으로부터 약 한 달 동안 필요한 짐은 캐리어에 넣어 직접 가져가시거나 항공배송(2~3일 소요)을 이용해야 하므로 계획을 잘 세우셔야 합니다.

항공배송은 엄청 비쌀 것 같지만 한인들이 많고 업체 간 경쟁으로 인해 비용이 생각보다 합리적입니다. 게다가 한국-베트남 간 항공편이 많아 결제 후 영업일 기준 2~3일이면 베트남 집까지 도착합니다. 가격은 대략 1kg당 12,000원 정도로 기억합니다. 위에서 알려드린 네이버 카페에 많은 업체가 홍보하고 있으니 연락해보시면 되겠습니다. 배송 방법은 한국 쇼핑몰에서 배송지를 항공배송 회사로 해두고 항공배송 담당자 카톡으로 베트남 내 주소를 알려주는 시스템입니다.

⊘ 예방 접종

해외 장기체류 시에는 예방 접종을 신경 쓰셔야 합니다. 저는 질병관리본부 상담사와 통화하여 예방 접종 정보를 얻었습니다. (출국을 준비하는 합격자 단톡방에 이런 사소한 정보를 공유하는 것도 서로 도움이 됩니다.) 베트남 기준은 다음과 같습니다.

① 장티푸스 ② A형간염 ③ 파상풍 ④ 홍역

원래 홍역 제외 3가지인데 당시 홍역 유행으로 접종을 권장했습니다.

　말라리아(현지서 처방받아 자주 복용), 지카 바이러스 모기 기피제는 선택사항입니다. 의료원, 개인병원 등의 접종 비용을 알아봤는데 인구보건복지협회가 제일 저렴했습니다. 대구경북지회는 동남아 패키지를 구성하여 장티푸스+A형간염+파상풍 3가지를 10만 원에 접종한다고 합니다. 예방 접종 효과가 나타나려면 출국 4~6주 전에 접종해야 하므로 합격 후 빠른 시일 내에 접종하세요

⊘ 외화 통장 개설

　하노이한국국제학교 기준, 한국 우리은행 외화통장을 출국 전에 개설하는 것을 추천해 드립니다. 월급을 달러(USD)로 받아 베트남 동(VND)으로 환전해서 생활비로 사용합니다. 하노이한국국제학교 급여는 기본급은 높고 경력 수당이 적은 구조입니다. 교육경력 10년 미만이면 한국 월급보다 베트남 월급이 많고, 10년 이상이면 한국 월급보다 베트남 월급이 적다고 합니다. 저는 한국 월급보다 더 많아서 일부 달러를 모을 수 있었고 이를 한국으로 송금해서 미국 주식에 투자했습니다. 이때 유용한 것이 한국 우리은행 외화통장입니다. 베트남 우리은행에서 한국에 있는 어떤 은행으로 송금하던지 한국 우리은행을 거친다고 합니다. 따라서 수수료 측면에서 한국 우리은행으로 송금하는 것이 제일 유리합니다. 근무하시게 될 학교의 월급통장이 어느 은행 통장인지 확인하신 후 송금 수수료가 제일 낮은 쪽으로 한국의 외화통장을 개설하시면 되겠습니다.

⊘ 교직원공제회

선택지는 ① **납입 중지** 또는 ② **계속 납입** 두 가지이며, 해외 근무로 인한 납입 중지 시 이율 등 손해는 전혀 없습니다. 저는 납입 중지를 했습니다. 한국에서는 휴직자 신분이기 때문에 납입 중지를 따로 신청하지 않아도 자동 중지됩니다. 계속 납입하고 싶다면 3월 1자로 휴직이므로 약 3월 4일 이후 교직원공제회 홈페이지에서 자동이체 신청하시면 됩니다. 파견이라면 월급을 본 소속 기관에서 받기 때문에 별도 신청 없이 계속 납입됩니다.

⊘ 공무원 연금

납부 방법은 크게 세 가지가 있습니다.

① 해외 근무 동안 납부하지 않고 복직 후 매달 두 달 치씩 납부
② 1년 치 한꺼번에 납부
③ 매달 납부

저는 방법 ③으로 납부했습니다. '공무원연금공단 홈페이지→퇴직금 조회→재직 정보 조회→나의 기여금'에 보시면 납부 금액을 확인할 수 있습니다. 또는 고객센터에 전화해서 가상계좌와 금액을 안내받아 납부하면 되며 자동이체도 가능합니다. 매년 5월에 납부 금액이 변동되므로 자동이체는 4월분까지만 걸어두고 5월에 변동된

금액 확인하여 자동이체 걸면 되겠네요.

⊘ 건강보험 정지 및 피부양자 상태 확인

설레는 마음으로 출국하여 재외한국학교에서 근무하다 한국에 복직하면 10명 중 8명은 다음과 같은 행정실의 메시지를 받게 됩니다.

'선생님~ 이번 달 건강보험 복직정산보험료
3,809,110원이 고지되었습니다.'

잉? 380만 원? 이 돈을 내야 하나 말아야 하나… 정답은 피부양자의 등재 여부, 본인 및 피부양자의 한국 체류 기간에 따라 다릅니다. 본인 또는 피부양자가 한국에 자주 왔다 갔다 한 것이 아니라면 거의 납부할 것은 없습니다. 한국 체류 기간이 각 월의 1일(5월 1일, 8월 1일 등)을 포함한다면 해당하는 달은 의료보험 수혜(병원, 약국 방문 등)와 상관없이 건강보험료를 납부해야 합니다. 예를 들어, 출국 기간이 11월 15~23일이라면 해당 월 건강보험료는 (심지어 병원 방문을 했다 하더라도) 납부하지 않아도 되구요. 출국 기간이 11월 29일 ~ 12월 2일이라면 12월에 해당하는 건강보험료 한 달분을 납부해야 합니다. 한국 체류자가 본인이면 건강보험료 100% 납부해야 하고 피부양자는 50%입니다. 1월에 최종 귀국하셨다면, 2월 1일이 걸리므로 한 달분은 납부할 가능성이 크겠네요.

부모님 등이 피부양자로 등록되어있는데 부모님께서 한국에 계속 계셨다면, 어쩔 수 없이 해외 출국 전체 기간에 대한 건강보험료를 납부해야 하니, 아무쪼록 큰 피해가 없도록 피부양자 상태 지금 바로 확인하세요!

⊘ 신용카드

저는 생활비로 한국 신용카드를 사용했습니다. 한국 신용카드의 해외에서 사용수수료는 1~2% 정도지만, 해외사용에 특화된 카드는 4~5% 상당의 포인트·항공 마일리지를 제공합니다. 대표적인 카드는 현대 아멕스 플래티넘(또는 골드, 그린), 신한 더클래식 Y, 신한 하이포인트, 신한 air 1.5 등입니다. 메리어트, 힐튼, IHG, 아코르, 하얏트 등 세계 5대 호텔 숙박은 쉽게 엄두가 나지 않지만, 동남아에 거주하게 되면 그 문턱은 낮습니다. 한국 신용카드의 호텔/항공 마일리지 혜택을 잘 준비해오시면 윤택한 호캉스와 손님들 대접 가능! 부모님과 힐튼 다낭에서 숙박 시 엄청 좋아하셨던 어머니의 얼굴이 아직도 생각나네요.

⊘ 휴대폰 정리

해외에 살더라도 본인 인증번호를 받을 일이 자주 있어서 기존 핸드폰 번호는 살려뒀습니다. 선택지는 다음과 같습니다.

① 기존 통신사 그대로 사용하고 싶다 → 기본 요금제로 변경

② 번호만 그대로 남아있으면 된다 → 알뜰폰 회선으로 번호이동

③ 약정이 걱정된다 → 해외 장기체류 정지 서비스 이용

저는 방법 ①로 진행했습니다. 해외 문자 수신은 무료라고 알고 있습니다만 알뜰폰 회사마다 해외 문자 수신 서비스를 제공하지 않을 수 있으니 출국 전 확인하시면 좋겠습니다. 해외 데이터 로밍은 무조건 차단하셔도 해외 MMS, SMS 수신은 무료라고 알고 있습니다.

⊘ 인터넷 정리

출국 전, 3년 약정 중 7개월이 남아있었습니다. 위약금을 조회해보니 19만 원이고 요금은 월 11,000원입니다. 가장 유리한 방법은? [4점]

① 다음 세입자에게 싸게 임대

② 인터넷을 사용하지 않거나 약정이 만료된 가족으로 이동

　- 이동 설치 불가지역이라면 위약금 없이 해지 가능

③ 장기정지신청

　- 2년간 가능하고 2년씩 연장 가능. 정지 기간 동안은 요금이 납부되지 않지만, 약정기간은 그만큼 연장

저는 방법 ③을 적용한 뒤 방법 ②로 변경했습니다. 먼저 해외 장기 출국을 사유로 정지시켜둔 뒤, 몇 달 뒤, 자취를 시작하는 동생 집 주소로 옮겼습니다.

현지에서의 생활

학교생활은 한국과 크게 다르지 않습니다. 다만, 시도교육청으로부터 오는 온갖 공문들이 거의 없으니 교과 수업과 학생 생활지도 등 학교 본연의 업무가 대부분입니다. 여기서는 현지 생활 중심으로 이야기하겠습니다.

⊘ 인프라

현지 생활 정보는 주로 먼저 근무하고 계셨던 선배 선생님들, 네이버 카페, 그리고 여러 단톡방(아파트방, 반찬방 등)을 통해 얻을 수 있습니다.

베트남 하노이의 경우에는 한국과의 삶이 그리 크게 다르지는 않습니다. 한국 식자재를 살 수 있는 K-마트가 한인들이 많이 거주하는 아파트마다 있습니다. 롯데마트, 롯데시네마도 있으니 뭐 말 다 했지요?

하노이에서 근무할 때 둘째가 생겼는데 베트남에서 출산을 계획할 정도로 병원 시스템이 잘 되어있고 한인 의사가 운영하는 소아과 병원도 충분히 있습니다. 하지만 코로나19 때문에 출산은 결국 한국에서 했습니다.

⊘ 집 구하기

제일 걱정되시는 부분이 앞으로 살 집을 구하는 것이죠? 선배님들은 한결같이 이야기하십니다. 전~혀 걱정하실 필요 없다고. 선생님들이 모여 사는 아파트 단지는 거의 정해져 있어요. 게다가 요즘엔 인터넷 블로그 등을 통해 방을 먼저 볼 수도 있구요. 선배 교사들을 통해서 집도 추천을 받거나 한국으로 귀임하시는 선생님들의 집을 승계할 수도 있습니다. 한국과 마찬가지로 이사철에 월세가 올라가는 경향이 있으니 합격 동기 중 일부는 일찍 출국해서 여행 겸 집을 보고 계약하시기도 했습니다. 고르고 고르자면 좋은 집은 있겠지만 컨디션은 거기서 거기에요. 그만큼 매물이 많으니 걱정은 조금 덜 하셔도 됩니다. 저는 출국 초반 저렴한 호텔을 잡고 매물 5개 정도 본 뒤 집을 계약했습니다.

대부분 월세 시스템이며 시세는 한인 인프라가 어느 정도 갖추어진 아파트 단지 기준 대략 투룸 월세 60만 원~90만 원 정도입니다.

아내가 둘째를 출산하러 한국에 가면서 저는 한동안 혼자 살게 되었는데요. 이때는 현지 사람들처럼 살아보고 싶어 월세 20만 원 정도의 서비스 아파트에서 거주했습니다. 조금 좁긴 하지만 주 2회 청소를 해주고 이불도 갈아주니 혼자 사는 분에게 강추합니다.

> **TIP 쿠팡 & 항공배송**
>
> 우리 가족은 한국에서 쿠팡을 많이 이용했습니다. 앞서 이야기 드린 항공배송 시스템을 이용하면 베트남 현지에서 구하지 못하는 한국 물품을 생각보다 비싸지 않으면서도 빠른 시일 내에 구할 수 있습니다.

⊘ 가사 도우미 or 비타스키

　대부분 가정에서 현지인 가사 도우미를 구해서 생활합니다. 주
1~3회 정도에 10~20만 원이면 청소, 빨래 등에서 벗어나 편한 생
활을 할 수 있지요. 하지만, 저희 가정은 도우미를 쓰지 않았습니다.
해외로 가기 전에 장인어른께서 아이 교육상 가급적 사용하지 않는
쪽으로 이야기를 하셨기 때문입니다. 허드렛일은 내가 하는 것이 아
니라는 인식이 아이의 머리에 자리 잡을까 봐 걱정하셨나 봅니다.
그래도 한 달에 한 번 정도는 현지 가사 도우미 앱 '비타스키'를 이
용하여 청소를 부탁하곤 했습니다. 2~3시간 청소에 1~2만 원 정도
로 기억합니다.

⊘ 여행, 복무규정

　파견은 파견자 본인뿐만 아니라 가족들의 한국 체류 기간을 그
리 길게 허용하지 않습니다. 하지만 파견에 비해 고용휴직자는 복무
가 비교적 자유롭습니다. 예를 들어, 주말에 교장 선생님 허가를 받
지 않고 가까운 나라인 태국을 금요일 퇴근 후부터 일요일까지 다녀
올 수 있지요. 아내가 개인 일정으로 한국에 며칠 갔었는데, 그 사이
에 둘째를 임신했으며 그때가 초기임을 알게 되었습니다. 임신 초기
에 비행기를 타면 위험하기에 아내는 당분간 한국에 머물기로 했고
저는 복무가 자유로움을 이용하여 2주마다 주말에 한국을 다녀왔
습니다. 하노이한국국제학교는 한국 공휴일과 베트남 공휴일 모두

쉽습니다. 베트남은 4월 말부터 5월 초까지 그리고 9월 초에도 연휴가 있습니다. 그래서 여름·겨울 방학뿐만 아니라 약 일주일가량의 봄·가을 방학이 있습니다. 이 시기를 이용해서 개인 또는 가족들과 싱가포르, 말레이시아 등 비교적 먼 지역을 여행하기에 좋았습니다.

그렇다고 마냥 좋은 것만 있는 것은 아닙니다. 한국에서 적용받고 있었던 '국가공무원 복무규정'은 현재 우리가 휴직자이기 때문에 공식적으로 적용받지 않습니다. 복무는 '국가공무원 복무규정'에 준하는 '학교 내부 규정'에 의거하여 이루어집니다. 그 사이의 간극이 있겠지요? 예를 들어, '육아시간'은 당시 하노이에서는 여자만 사용 가능한 것처럼 모든 규정이 최신화되지 않았습니다.

⊘ 아이들 사교육

현지인 인건비가 한국인에 비해 저렴하므로 바이올린, 피아노, 수영 등 아이들을 위한 음악, 체육 수업 등도 할 만합니다. 동남아는 기본적으로 덥기 때문에 수영장이 있는 아파트가 많습니다. 언제 또 수영장 딸린 아파트에 살 수 있을까요?

⊘ 사회 친구 = 동료 교사

하노이에서 살면 사회 친구는 이제 동료 교사뿐입니다. 마음 맞는 선생님들과 모여 식사를 하고 여행을 가고 가족 동반으로 함께

놀기도 합니다. 타 시도교육청 선생님들과 교제를 할 기회가 잘 없는데 좋은 사람들을 만날 기회였고, 한 명 한 명의 선생님들로부터 배울 점이 많았습니다. 더 많은 선생님들로부터 조금 더 많이 배울 걸 하는 아쉬움이 남습니다.

⊘ 적금, 주식

개발도상국이 적금 이율이 높지요. 제가 근무할 당시 적금 이율이 연 8% 정도 됐었는데요. 여유가 있으시면 적금 드시거나, 주식을 잘하신다면 베트남 주식에 도전해 보시는 것도 좋겠습니다.

⊘ 교회

저는 교회를 다니는데요. 한인들이 많다 보니 자연스럽게 교회도 많이 있습니다. 교회에 대한 정보는 동료 교사 또는 네이버 카페 등을 통해 쉽게 접하실 수 있습니다.

⊘ 사이버대학교

선배 교사들의 꾐(?)으로 사이버대학교에 입학했습니다. 여러 사이버대학교가 있지만, 하노이한인회에서 '한국사이버외국어대학교' 수업료 50%를 지원해준다는 소식에 우선 입학했습니다. 처음에는 한국어 교원자격증 취득과 베트남어를 체계적으로 배워보자는 생각으로 입학했지만, 누구나 늘 그렇듯이 초심은 한 학기 만에 잃어

버리고 온갖 방법을 동원하여 졸업하는 것을 목표로 학교생활을 했습니다. 정말 귀찮았지만, 결국 한국어학부 졸업 및 한국어 교원 2급 자격 취득, 베트남학과 복수전공 및 다문화 사회전문가 2급 수료한 것을 보면 뿌듯합니다.

⊘ 버스킹

처음 소개할 때 언급했지만, 저는 부캐로 가수 '목요커' 활동을 하고 있습니다. 2022년 KBS 전국노래자랑 연말 결선(왕중왕전)에서 인기상을 받기도 했지요. 대부분 선생님들이 취미로 골프, 오토바이에 관심을 가지실 때, 저는 버스킹이라는 한 우물만 팠습니다. 악기 연주와 노래 부르기를 좋아하는 선생님들과 함께 교사 밴드를 만들고 함께 연습하고 공연도 했습니다. 베트남 사람들이 한국 노래를 많이 좋아해서 공연을 즐겁게 봐주셨고, 우리 교사 밴드도 베트남 노래를 익혀서 공연했더니 호응이 좋았습니다. 하노이, 사파, 다낭, 호이안, 호찌민 등에서 베트남 전국투어를 했습니다. 동남아 순회공연을 마치고 한국으로 돌아온 그 가수가 바로 접니다. 모든 공연 영상은 제 유튜브 계정에 있습니다.

⊘ 매일매일이 좋다

누군가는 기록을 글, 사진으로 남긴다면 저는 영상 그것도 뮤직비디오로 남기는 편입니다. 제 취미가 '주변 사람 가수 데뷔시키기'

인데요. 2020학년도 초에는 전 세계가 코로나19로 집콕 생활이었죠. 저의 경우에도 온라인 수업으로 학교는 가지 못했습니다. 같은 아파트 단지에 사는 선생님들과 이야기하던 중 제가 하노이한국국제학교의 모습을 주제로 작곡한 노래를 들려줬고 작사/편곡/노래/뮤직비디오에 소질이 있으신 동료 선생님들과 완성했습니다.

멜론, 지니뮤직, 소리바다, 벅스, VIBE, FLO 등에서 노래를 들을 수 있습니다. 유튜브(https://youtu.be/JCFlcJATaas)에서 검색하셔도 들을 수 있습니다.

이 뮤직비디오를 통해 하노이한국국제학교의 분위기를 느껴보세요.

하노이 호안끼엠 버스킹

'매일매일이 좋다' 뮤직비디오

귀국 후의 생활

　귀국하고는 이전에 근무했던 학교에 복직했습니다. 최근 근무했던 학교에 복직하는지, 다른 학교로 복직하는지는 시도교육청 인사규정에 따라 다를 겁니다.

　2년이라는 기간이 참으로 길었나 봅니다. 복직했더니 K-에듀파인이라는 시스템이 생겼고, 이를 통해서 업무처리를 하더군요. 신규의 마음으로 하나씩 배우며 적응해 나갔습니다.

　베트남 물가에 적응하다가 한국으로 돌아오니 물가에 적응이 안됩니다. 베트남에서는 주식인 쌀국수가 대략 2,000원 정도인데, 한국에서는 김밥 한 줄 먹기도 어렵습니다.

'꿈을 꾸다 깬 듯한 느낌이에요.'

　재외한국학교 합격할 때 만들어진 동기들 단톡방이 아직 잘 살아있습니다. 한국에 들어오신 분이 대부분이고 아직 하노이에 남아있는 분들도 계십니다. 단톡방으로 근황 올려주시는 선생님들 소식을 볼 때마다 매번 반갑더라구요. 출장 또는 여행으로 그 지역에 가면 동기 선생님들에게 꼭 연락드려요. 서로 일정이 안 맞아서 얼굴을 못 보더라도 그렇게 한번 연락하는 것만으로도 좋았습니다. 반대로 동기 선생님께서 제가 있는 대구로 오셔도 연락 주시기도 하구요.

　해외 근무가 매력적이라 1년 정도 더 연장하여 근무하고 싶었는

데 코로나19로 인해 그러지 못해 매우 아쉽습니다. 한 번 더 재외한
국학교에서 근무할 기회가 주어지길 기대합니다. 이 글을 읽으시는
선생님과 함께 근무할 날이 오겠지요? 지금까지 제 글을 읽어주셔
서 감사합니다. 궁금한 점이 있으시면 *akrkqhrdma@korea.kr* (마가복
음@코리아)로 연락 주세요.

1인 7색

베트남
호찌민한국국제학교

김 태 희

現 안산 해솔중학교 영어교사
前 베트남 호찌민한국국제학교 9, 10학년 담임

호찌민에서 교사되기 : 신 짜오(Xin chào)!

호찌민에서 생활하기 : 신 깜언(Xin cảm ơn)!

지원하기 전 준비

　해외 생활에 대한 동경, 자녀의 교육 문제, 새로운 분야에 대한 도전의식 등 다양한 이유로 재외한국학교에서의 근무를 희망하곤 합니다. 모두 공감이 가는 이유이지만, 실제로 재외한국학교에 지원하기 전에 반드시 깊이 있는 고민이 선행되어야 합니다. 재외한국학교에서의 근무는 업무환경의 변화 외에도 생활환경의 차이, 언어 및 문화의 차이 등 개인의 삶 자체에 큰 변화를 가져오기 때문입니다. 가령, 동남아 여행에 대한 좋은 추억으로 재외한국학교 근무를 시작했지만, 시끄러운 소리를 내며 집 안 곳곳을 돌아다니는 도마뱀 때문에 잠 못 들며 불안에 떨 수도 있습니다. 자녀의 교육을 위해 재외한국학교 근무를 시작했으나, 국제학교 환경에 자녀가 적응을 잘하지 못하여 힘들어할 수도 있습니다. 따라서, 가족 구성원들과의 충분한 대화와 심도 있는 고민을 거친 후에 재외한국학교에서의 근무를 결심해야 합니다.

재외한국학교에서의 근무를 결심했다면, 자신이 근무를 희망하는 지역 및 학교에 대한 조사가 필수적입니다. 지인을 통해 관련 정보를 얻을 수도 있고, 네이버 카페('재외국민교육기관교사들의 모임')처럼 인터넷 검색을 통해서도 도움이 되는 정보를 많이 얻을 수 있습니다. 찾은 정보들을 바탕으로 자신의 상황에 가장 적합한 학교에 근무 지원을 한다면 적어도 최선의 결과를 가져올 것으로 생각합니다.

베트남 곳곳에서 볼 수 있는 도마뱀(좌)   다양한 정보를 얻을 수 있는 네이버 카페(우)

⊘ 면접 준비

자신이 지원서에 기재한 내용을 완벽히 숙지하고 있는 것이 가장 기본적인 준비사항입니다. 결국, 면접관이 궁금해하는 부분들은 지원자의 지원서에 담긴 내용이기 때문입니다. 다만, 지원서에 기재된 자신의 경험들을 통해 자신이 어떠한 강점을 지니고 있는지, 그 강점으로 자신이 재외한국학교에 어떻게 기여할 수 있는지를 보여준다면 금상첨화일 것입니다. 따라서 자신이 지원하는 재외한국학교에 관한 사전 공부가 필요합니다.

호찌민한국국제학교의 경우, 학교 홈페이지를 방문하면 대표적인 학교의 행사들 외에도 현재 학교에서 어떤 교육사업을 중점적으로 진행하고 있는지 파악할 수 있습니다. 아래 사진의 교육과정 편제 및 시수 배정표를 살펴보면, 최근에는 인공지능(AI) 관련 교육사

인공지능교육이 강조된 2023년도 호찌민한국국제학교의 교육과정 – 초등학교(좌), 중학교(우)

업이 중점적으로 이루어지고 있는 점을 알 수 있습니다. 해당 교육 사업과 관련된 자신의 경험을 잘 녹여내는 방향으로 면접 준비를 한다면 좋은 결과를 얻을 것입니다.

전공과목이나 지원 분야에 따라 영어 면접을 할 수도 있으니, 영어로 자신의 교육관이나 다짐 등을 미리 준비해 가는 것이 좋습니다. 여유가 있다면, 현지어(베트남어)로 간단한 인사말을 준비해 가는 것도 면접관들에게 좋은 인상을 남기는 방법의 하나입니다.

⊘ 면접 진행

호찌민한국국제학교처럼 규모가 큰 학교의 경우, 보통 다대다의 그룹면접 형식으로 대면 면접이 진행됩니다. 국내의 학교(서울시 소재)에서 주말에 면접이 이루어지는 것이 가장 일반적이고, 상황에 따라 (학기 중 선발의 경우) 온라인 화상 면접형식으로 일대일 면접이 진행되기도 합니다.

보통 30분 내외로 면접이 진행되며 현직 관리자와 인사 담당자를 포함한 5~6명의 면접관이 서로 번갈아 가며 질문을 하는데, 공통질문과 지원자별 개인 질문을 섞어 물어봅니다. 지원자별 개인 질문의 경우, 사전에 제출한 지원서의 내용에 관해 세부적인 것들을 묻기 때문에 지원자별로 서로 다른 질문을 받게 됩니다. 공통질문은 지원동기처럼 기본적인 내용의 질문부터 '동료 교사(혹은 학교의 관리자)와 갈등이 생긴 상황에서 지원자의 대처법' 등 다소 날카로운 질문들까지 다양한 질문들이 있으며, 면접관이 질문과 함께 지원자의 답변 순서를 정해주기도 합니다. 예를 들어, 1번 질문에 대한 답변은 A 교사부터 답변을 요구하고, 2번 질문은 B 교사부터 답변을 요구합니다.

영어 면접은 영어 교과를 제외한 나머지 중등 교과에서는 따로 실시하지 않습니다. 중등 영어 교과의 경우에는 단순한 인사 및 소개가 아니라 '고령화 사회의 원인과 해결방안'처럼 사회적 이슈에 관한 지원자의 의견을 묻는 등의 시사적인 영어질문들이 제시됩니다. 꽤 높은 난이도에 당황스럽더라도, 분명한 목소리와 자신감 있는 태도로 답변을 하여 면접관들에게 신뢰를 주는 것이 중요합니다. 초등의 경우에는 그룹에 따라 간혹 영어 면접을 하는 경우가 있지만, 중등 영어 교과처럼 시사적인 질문을 하지는 않습니다.

무엇보다 면접에서 좋은 결과를 얻기 위해서는 재외한국학교의 특징을 잘 이해하고 있어야 합니다. 재외한국학교의 큰 특징 중 하나는 바로 다양한 환경의 교사들이 모여 함께 근무한다는 점입니다. 따라서 신규 교원을 선발할 때, 지원자가 자신과 다른 생각을 지닌 이들과 얼마나 "함께 잘 어울려 생활하는 사람"인지를 중요하게 여깁니다. 면접이 진행되는 과정에서 이러한 부분을 은연중에 평가하고 있을 가능성이 크기 때문에, 여러 가지 질문들의 답변에 자신의 사교성이나 적응력 등을 자연스레 녹여내어 어필하는 것도 좋은 방법입니다.

합격 후 출국 준비

최종합격자 발표가 나면, 합격의 기쁨을 누리는 동시에 출국 준비에 대한 막연한 걱정이 생길 것입니다. 실제로, 합격자 발표부터 출국까지는 생각보다 시간 여유가 많지 않습니다. 걱정을 가라앉히고 차분한 마음으로 아래의 체크리스트 항목들을 하나씩 처리하다 보면, 어느새 출국 준비를 마무리하고 비행기에 탑승하고 있는 스스로를 발견하게 될 것입니다. 물론, 항목에 따라 각자 처한 상황에 맞게 최선의 결정을 내리면 됩니다.

⊘ 한국에서의 생활 정리

» 거주하던 집 처분

자가가 아닌 경우에는 최종합격과 동시에 최대한 빨리 집주인에게 상황을 알려 희망하는 날짜에 이사할 수 있도록 준비해야 합니다.

자가를 소유하고 있는 경우는 크게 2가지의 방법으로 나눌 수 있습니다. 첫째는 집을 그대로 유지하는 방법입니다. 이 방법은 경제적으로는 약간의 손해를 볼 수 있으나, 크기가 큰 짐들과 해외에서 필요 없는 짐들을 한국에 보관해둘 수 있다는 장점이 있습니다. 또한, 해외 근무 중 임시 귀국할 때도 편히 머무를 수 있는 공간이라는 점에서 장점으로 작용합니다. 둘째는 집을 세놓는 방법입니다. 세를 놓게 되면, 세입자와 이사 날짜 조율 문제나 보증금 반환 문제 등 다소 번거로운 일이 생길 수 있습니다. 다만, 전세 혹은 월세를 통해 경제적 이익을 얻을 수 있다는 장점이 있습니다. 간혹, 현 근무지의 동료 교사나 지인에게 세를 주어 이사문제나 큰 짐 처분 문제 등을 비교적 쉽게 해결하는 경우도 있습니다.

» 자동차 처분

자동차 처분 문제는 집 처분에 비해서는 비교적 간단한 편입니다. 한국에 남아있을 가족에게 장기로 대여해주거나 중고차 시장을 통해 자동차를 판매할 수 있습니다. 재외국민교육기관 네이버 카페를 통해서도 중고차거래가 활발히 이루어지니, 해당 서비스를 활용하는 것도 하나의 방법입니다. 자동차를 판매하는 경우는 1월에 기납부한 자동차세도 환급받을 수 있습니다.

» 이삿짐 처리

단신 부임의 경우, 보통 비행기 위탁 수화물 추가를 통해 충분히 이삿짐 전체를 옮길 수 있습니다. 그러나 가족 동반 부임의 경우에는 가져가야 할 짐의 양에 따라 이사 방법이 달라집니다.

한국의 집을 처분하여 대형 가전을 포함한 모든 짐을 해외로 가져가는 상황이라면 대개 컨테이너 이사를 선택합니다. 컨테이너 이사는 이사 비용을 오로지 컨테이너 대수로만 책정하기 때문에, 보통 컨테이너 1대를 빌려 최대한 많은 짐을 꽉 싣고자 합니다. 대형 가전제품처럼 무거운 짐을 제외한 애매한 양의 이삿짐을 가져가는 상황에서는 포장 이사를 선택하는데, 짐의 개수와 무게에 따라 필요한 이사 박스의 양으로 비용이 책정됩니다.

컨테이너든 포장 이사든 모두 선박으로 옮겨지는 짐이기 때문에 시간이 오래 걸린다는 아쉬움이 있지만, 가격 이점 때문에 많은 이들이 이용하고 있습니다.

다만 베트남에서 집을 구하면 필수적인 가전제품들은 보통 풀옵션으로 다 들어가 있기도 하고, 웬만한 물건들은 현지에서도 구매 가능하기 때문에 꼭 필요한 물건들만 챙겨 가는 것을 추천합니다.

⊘ 현지에서의 생활 준비

» 비자발급

학교 행정실에서 이메일로 보내주는 입국확약서를 지참하여 베트남 대사관(서울시 종로구 소재)에 방문하여 비자를 신청(반드시 현금 지참)하여 발급받으면 됩니다. 다만, 여권 만료일이 얼마 남지 않은 경우에는 비자발급 전에 미리 여권을 먼저 재발급받는 편이 좋습니다.

이메일로 받은 고용 휴직 관련 공문(좌), 베트남 비자발급을 위한 입국확약서 서류(우)

비자를 받은 후에 여권을 갱신하게 되면, 비자도 전부 새로 재발급 받아야 하기 때문입니다.

» 고용 휴직 신청

재외한국학교는 업무관리시스템이 되지 않아 따로 전자 문서가 발송되지 않습니다. 호찌민한국국제학교의 경우, 우편으로 받은 고용계약서 및 고용 휴직 협조 공문(종이 문서)을 교사가 직접 수기로 교육청에 제출하여야 합니다.

» 건강보험료 처리

3개월 이상 국외에 체류하는 경우 건강보험료가 면제 처리(국내에 부양가족이 있는 경우에는 50%만 감면이 되지만, 부양가족이 없는 경우에는 보험료가 100% 면제)됩니다. 출국하기 전에 근무지의 행정업무 담당자를 통해 해외 체류로 인한 보험료 면제를 신청해야지만, 나중에 귀국 후 보험료 폭탄이 청구되는 것을 피할 수 있습니다. 간혹 재외한국학교에서 근무 중에 잠시 귀국하여 병원 진료를 받는 경우에는 진료를 받기 전에 건강보험공단(☎1577-1000)에 연락하여 정지상태를 해제하면 건강보험을 적용받을 수 있습니다.

> **TIP** 건보료 면제 셀프 신청 방법
>
> 해외파견 근무확인서 등의 증빙서류를 발급받아 첨부하여 '직장 가입자 변동 신고서'를 건강보험공단(국민건강보험 EDI)에 FAX 제출하면 됩니다.

» 실손 의료보험료 처리: 납입 중지 / 환급

실손의료보험은 2가지의 경우로 나눌 수 있습니다. 첫째, 실손의료보험이 가입된 보험회사에 3개월 이상 해외 실손의료보험에 가입하는 경우입니다. 이 경우에는 기존 납입하고 있던 국내 실손의료보험의 보험료 납입을 중지할 수 있습니다. 둘째는 해외 실손의료보험을 아예 가입하지 않았거나, 다른 보험회사의 해외 실손의료보험에 가입한 경우입니다. 이러한 경우에는 3개월 이상 해외에 체류한 사실을 입증하면 사후에 보험료를 환급받을 수 있습니다.

» 공무원 연금 납입

공무원 연금은 개인의 선택에 따라 다양한 방식(매월 납부/원하는 개월 수만큼 소급 적용하여 납부/귀국 후 일시납)으로 기여금을 납부할 수 있습니다. 한 가지 주의할 점은 매년 5월 1일에 기여금이 인상된다는 점입니다. 따라서 재외한국학교에서 근무하는 동안 매년 기여금이 인상되기 전에 정기적으로 특정 기간만큼을 소급 적용하여 기여금 납부하는 것을 추천해 드립니다.

> **TIP** 기여금 납부 방법
>
> 연금복지포탈(https://portal.geps.or.kr) 접속 후 로그인 → 재직 정보 → 재직자 기본정보 → 휴직자 기여금 조회 → 납부해야 할 기여금액 입금(가상계좌)에서 가능합니다.

» 한국 휴대전화번호 유지: 알뜰폰 요금제 활용

앞서 언급한 각종 보험료 및 기여금 처리를 해외에서 원활히 하기 위해서는 기존에 사용하던 한국 휴대전화번호를 정지하지 않고 계속 유지하는 것이 필요합니다. 개인정보 보안이 강화되면서 한국의 금융시스템이나 공공사이트를 이용할 때, 휴대폰 인증서비스를 받아야 하는 경우가 꽤 자주 있습니다. 이때를 대비하여 한국 휴대전화번호를 유지하는 것을 강력하게 추천합니다. 휴대폰 요금부담은 알뜰폰 요금제를 활용하여 낮출 수 있습니다. 만약 알뜰폰 요금제를 새로 개통해야 한다면, 해외에서는 개통이 어려우니 반드시 출국 전에 미리 개통해야 합니다.

» 공인인증서

공인인증서를 통한 본인인증도 한국 휴대전화번호처럼 요구되는 경우가 생각보다 많습니다. 교육용 공인인증서와 은행용 인증서의 만료 기간을 미리 확인하여 출국 전에 만료 기간을 갱신하는 것이 좋습니다.

» 수업 관련 도서 및 각종 교구

한국에서 유용하게 사용하던 교재 및 교구는 조금 무겁더라도 챙겨 가는 편이 좋습니다. 한국어로 된 참고서, 문제집 같은 교재들과 다양한 수업 교구들을 베트남 현지에서 구하기 어렵거나 값이 너무 비싸기 때문입니다.

도착 후 현지에서의 초기 생활

최종합격을 하면 학교에서 멘토 교사를 지정하여 일대일로 연락처를 연결(중등의 경우, 같은 교과군의 교사를 연결)해 줍니다. 멘토 교사는 재외한국학교 생활의 선배 교사로서 베트남 현지의 현재 상황을 가장 잘 알고 있는 사람입니다. 따라서 로컬유심 개통처럼 사소한 일부터 현지 집을 구하는 큰 규모의 일까지 멘토 교사의 도움을 받아 초기 현지 생활에 적응하게 됩니다.

단, 해외라는 특성상 사람들이 카카오톡 메신저를 활용하여 서로 연락을 주고받기 때문에 이때부터 카카오톡 사용이 필수(베트남 지역의 한인 커뮤니티 활동 및 각종 상품 주문, 학교 업무 관련 안내까지도 모두 카카오톡을 활용)가 됩니다.

훌륭한 멘토 교사 덕분에 환전부터 집까지 너무 쉽게 해결!

⊘ 집 구하기

준비과정에서 가장 걱정되는 문제가 아마도 현지 집을 구하는 문제일 것입니다. 개인의 성향이나 상황에 따라 방학 중에 베트남을 여행하며 겸사겸사 집을 미리 구해 놓는 경우도 있지만, 대부분은 2월에 입국하여 2~4일 이내로 현지 집을 쉽게 구하는 편입니다. 한국과는 달리, 베트남은 임대 매물 순환 사이클이 엄청 빠르기 때문입니다. 실제 호찌민에서 아파트 매물들을 보러 다닐 때, 같은 아파트에만 십수 개의 매물이 있는 경우가 많아 놀랐던 기억이 있습니다.

멘토 교사를 통해 한국으로 복귀하는 교사의 집을 승계받는 경우도 종종 있습니다. 기존에 근무하던 교사가 살던 집은 아무래도 위치, 주변 인프라, 내부 컨디션 등 좋은 조건의 집일 확률이 높기 때문입니다. 때에 따라, 소형 가전제품이나 여러 가지 생활 물품들을 얻기도 하여 장점이 꽤 많습니다.

집을 결정하여 계약서를 작성할 때는 일반적으로 두 달 치 월세에 해당하는 금액을 보증금으로 지불해야 합니다. 세입자는 부동산 중개인에게 따로 중개수수료를 지불하지 않아도 되니(베트남에서는 집주인만 부동산 중개인에게 중개수수료를 지불), 보증금에 해당하는 금액만을 미리 현금(USD 혹은 VND)으로 준비해두면 좋습니다.

⊘ 휴대폰 개통

현지 휴대폰 개통은 생각보다 무척 간단하고 방법도 다양합니다.

첫째, 한국에서 미리 베트남 현지 유심을 구매한 뒤, 베트남 입국 후 한국 유심과 교체하는 방법이 있습니다. 둘째로는 베트남에 입국하여 공항이나 시내의 휴대폰 가게에서 선불 유심을 구매하여 휴대폰에 장착하는 방법이 있습니다. 베트남에서는 보통 충전식 선불 유심을 사용하는데, 데이터를 무제한처럼 편하게 사용한다 해도 월평균 몇천 원의 요금으로 매우 저렴한 편입니다.

⊘ 환전

환전의 경우 최초입국 후 집을 구하는 며칠 동안 필요한 비상금 정도만 한국에서 미리 환전해가는 것을 추천합니다. 국내에서는 한화를 베트남 동으로 환전할 때 '한국 원→미국 달러→베트남 동'으로 이중 환전이 이뤄지기 때문입니다. 급한 비상금을 제외한 나머지 돈은 미국 달러로 가져간 뒤, 베트남 시내의 사설 환전소에서 베트남 동으로 환전하는 것이 환율적으로 더 유리합니다. 물론, 가장 유리한 환율적용과 안전성 면에서 대부분 교사들은 동료 교사들과 셀프 환전을 하곤 합니다. 예를 들어, 각자 상황에 따라 한화가 필요한 교사 A와 베트남 동이 필요한 교사 B가 그날의 네이버 환율을 기준으로 서로 화폐를 맞교환하는 형식입니다.

⊘ 통장개설 및 카드발급

현지 통장개설과 각종 카드발급은 학기 초 신규 교원들을 대상으로 현지 한국은행의 담당자가 학교로 방문하여 일괄적으로 신청을 받아 진행합니다. 카드발급은 개인의 선택에 따라 ATM 입출금카드만 발급하거나 신용카드까지 모두 발급할 수 있습니다.

현지에서의 생활 – 생활 편
#오토바이 #배달 #가성비 #동남아 여행

⊘ 생활 물품 구매

베트남도 한국만큼이나 인터넷 쇼핑몰이 잘 발달해 있어서 웬만한 생활 물품들은 쉽고 빠르게 구매할 수 있습니다. 대표적인 쇼핑 웹사이트로는 라자다(Lazada)와 쇼피(Shopee)가 있습니다. 한국의 쿠팡과 지마켓 격의 대형 사이트들입니다. 두 사이트 모두 영어지원이 가능하여 외국인이 사용하기에도 꽤 편리합니다. 배송도 한국만큼 빨라서 최근에는 당일 배송(쇼피의 경우)도 지원하고 있습니다.

⊘ 의약품 구매

베트남에서는 의사의 처방전 없이 외국산 약들을 약국에서 개인이 구매할 수 있습니다. 물론, 가격도 한국보다 훨씬 저렴합니다. 따라서 많은 베트남 교민들이 베트남 약국을 애용합니다. 다만, 한국에서 자신이 특별히 사용하던 상비약이 있다면 꼭 챙겨오는 것이 좋습니다. 한국에서처럼 증상에 따라 세분된 약을 찾기 힘들 수도 있습니다.

⊘ 배달의 민족 in 동남아: 배달문화의 발달

배달문화가 한국만큼이나 잘 되어있는 국가가 베트남입니다. 그랩(Grab)이나 쇼피푸드(Shopee) 앱을 통해 맛있는 음식들을 쉽게 배달해서 먹을 수 있습니다. 코로나 전에는 현관문 앞까지 배달해주었는데 코로나 이후에는 비대면 배달 서비스로 보통 로비에 음식을 두고 간다고 합니다. 실시간으로 배달 상황을 체크할 수도 있어 사용하기에 꽤 편리합니다. 이외에도 한국 마트나 한인 식당에서는 보통 모든 주문이 카톡으로 이루어집니다. 카톡으로 상품을 주문하면 물건을 집으로 배송해주는 시스템이 잘 되어있습니다.

⊘ 오토바이

베트남은 전반적으로 한국에 비해 가성비가 뛰어난 환경이지만, 교통비만큼은 특히 더 저렴하다고 생각합니다. 베트남의 일반 택시 요금은 한국의 $\frac{1}{4}$ 수준으로 저렴한 편이어서 자주 이용해도 큰 부담이 없는데, 오토바이 택시인 경우는 그보다 절반이 더 저렴합니다. 다만 승차감이나 안전성 면에서 자동차에 비해 다소 부족하기 때문에 개인의 선택에 따라 이용하면 됩니다. 그뿐만 아니라, 중고 오토바이를 구매하여 직접 오토바이 운전을 하는 경우도 꽤 많습니다.

베트남의 가장 대중적인 교통수단, 오토바이   근무 기간 동안 나와 함께한 내 첫 오토바이

호찌민한국국제학교의 교사 중 대략 절반 정도는 직접 오토바이를 운전하며 생활하는 편입니다.

⊘ 이웃 나라, 동남아 국가들 여행

재외한국학교에서 근무하는 것의 장점 중 하나는 단기 방학 혹은 주말을 이용하여 인근 국가들로 짧은 여행이 가능하다는 점입니다. 특히 베트남 주변에는 라오스, 태국, 인도네시아, 미얀마 등 매력적인 여행지가 많습니다. 1시간의 짧은 비행으로 동남아시아의 다양한 국가들을 여행할 수 있다는 건 베트남 근무의 꽤 매력적인 특별 혜택이라고 생각합니다.

□ 현지에서의 생활 - 업무 편

#글로네이컬 #따로 또 함께 #공문 없는 삶

☑ 글로네이컬(Global+National+Local) 교육

호찌민한국국제학교에서는 '글로네이컬'을 핵심 키워드로 삼으며, 학생들이 3가지 마인드를 모두 함양할 수 있도록 학교교육과정을 편성 및 운영하고 있습니다.

초등의 경우, 각 교실마다 원어민 보조교사가 상주하며 담임교사와 팀티칭을 한다는 점입니다. 3중 언어(모국어+공용어+현지어)교육 강화를 위해 1~2학년은 베트남 원어민 교사가, 3~6학년은 영어 원어민 교사가 부담임으로 교실 뒤편에 상주하고 있으며, 아이들을 함께 상시 지도합니다.

중등은 국제교육부라는 부서에 영어 원어민 교사들과 베트남어 원어민 교사들도 함께 소속되어 근무하고 있습니다. 외국어 교과 교사들이 원어민 교사들과 함께 의사소통 중심의 심화 언어교육을 하고 있으며, 언어 외에도 한국과 베트남 양국의 사회 및 문화에 관한 교육을 함으로써 학생들이 다양한 문화적 가치를 이해하고 존중할 수 있도록 지도합니다.

☑ 따로 또 함께인 새로운 경험

초등, 중등, 고등의 학교급이 따로 나뉘어 있는 한국의 학교와는 달리, 재외한국학교들은 유치원생부터 12학년까지 모두 함께 모여 생활합니다. 기본적인 교육과정은 독립적으로 운영되지만, 학교급을 넘어 서로 교류하는 때가 종종 있어 한국에서는 경험할 수 없던 새로운 경험을 할 수 있습니다.

가령, '다문화 멘토링'사업을 통해 중고등학생들이 다문화 가정 초등학생들의 학습 멘토로서 활동하며 학교급을 넘어 서로 교류하게 됩니다. 교사들도 마찬가지입니다. 유·초·중등교사와 행정직원들까지 모두가 함께 교직원동아리 활동에 참여하거나 '초등 vs 중등 스포츠대항전'처럼 친선 행사를 진행하며 활발히 교류합니다. 졸업앨범 제작이나 학교 장학사업처럼 협업이 필요한 업무의 경우에는 초등과 중등 담당자가 매년 번갈아 가며 해당 업무의 책임자로서 업무를 이끌어갑니다.

⊘ 공문 없는 삶: NO 에듀파인

재외한국학교에서는 에듀파인 시스템이 작동되지 않아, 부득이하게 전자 공문을 받거나 보내지 못하는 상황입니다. 간혹 긴급하고 중요한 업무의 경우에만 종이 문서로 공문을 발송(혹은 수령)합니다. 호찌민한국국제학교에 근무할 당시에 처음에는 처리할 공문이 없어 뭔가 허전했는데, 적응될수록 행정업무 처리에 쏟았을 에너지를 학생과 교과수업에 쏟을 수 있어 오히려 좋았습니다.

⊘ 다교과 · 다학년 수업은 선택이 아닌 필수!

행정업무 처리에 대한 부담이 적은 만큼 교과수업에 대한 부담은 다소 높은 편입니다. 호찌민한국국제학교를 포함한 대다수의 재외 한국학교에서는 다교과 및 다학년 수업이 사실상 필수이기 때문입니다. 특히 제가 속한 영어 교과의 경우, 국제학교의 교육과정 특성상 교과 수업시수가 한국의 학교에 비해 많은 편입니다. 따라서 중등의 모든 영어 교사는 담임 여부를 막론하고 중학교 수업과 고등학교 수업을 모두 걸치며, 평균적으로 3~4개의 교과 수업을 담당하였습니다. (영어 교과의 경우 방과후수업도 사실상 필수적이기 때문에, 해당 수업까지 고려하면 총 5~6개의 수업을 준비해야 합니다.) 교사들마다 차이는 있겠지만 대부분 매시간 서로 다른 4~5개의 수업을 동시에 준비하는 데 부담을 느끼기도 하였으며, 간혹 7학년(중1) 수업과 12학년(고3) 수업을 동시 담당하는 경우, 두 수업의 간극에 어려움을 겪기도 하였습니다.

그러나 결국 교과 수업의 만족도를 결정짓는 건 학생들과의 호흡입니다. 자신의 학업성취도와 상관없이 항상 적극적이고 협조적인 태도로 수업에 임하는 학생들의 모습에서 교과 수업을 마치며 만족스러워했던 기억이 아직도 남아있습니다. 사소한 활동도 열심히 참여하고 즐거워하던 학생들 덕분에 학교에 남아 일하던 시간을 보상받는 느낌도 받곤 했습니다. 부디 이 글을 읽는 분들께서 호찌민한국국제학교의 매력적인 학생들을 만날 수 있길 응원합니다.

7인 7색,
해외학교 교사 체험기

초판인쇄 2023년 7월 31일
초판발행 2023년 7월 31일

지은이 우강제, 이범석, 윤여경, 서슬기, 김성훈, 김기윤, 김태희
펴낸이 채종준
펴낸곳 한국학술정보(주)
주 소 경기도 파주시 회동길 230(문발동)
전 화 031-908-3181(대표)
팩 스 031-908-3189
홈페이지 http://ebook.kstudy.com
E-mail 출판사업부 publish@kstudy.com
등 록 제일산-115호(2000. 6. 19)

ISBN 979-11-6983-477-3 03370